भारत @ 75

रचनाकार कविताएं

भाग - 2

संपादक मंडल

दीपा मिश्रा | राजीव कुमार झा | प्रीति चौधरी

लक्ष्मण सिंह त्यागी | प्रेरणा पारिश

PRACHI
DIGITAL PUBLICATION

Book   : Bharat @ 75

Editor   : Rajeev Kumar Jha

Edition   : 1st (February, 2022)

ISBN   : 978-9391358648

© Composition Author

Published by

PRACHI DIGITAL PUBLICATION

Regd. Add.: 254, Khuriyakhatta No. 10, Bindukhatta,
Lalkuan, Nainital - 262402, Uttarakhand, India
Website : www.prachidigital.in
E-mail : editor@prachidigital.in
Contact : 9760417980, 9760418103

Printed by :
Manipal Technologies Limited, Bangalore - 560025, Karnataka

'भारत @ 75' संकलन को संपादक मंडल एवं सह-रचनाकारों के
अमूल्य सहयोग से सिर्फ 5 दिन में संपादित एवं प्रकाशित किया गया है।
जिसके लिए **OMG Book of Records** द्वारा प्रमाणित किया गया
और प्रमाण पत्र प्रदान किया।

Issued On : 20-01-2022   Claim ID. IN-UK-2022-D7840

Prachi Digital Publication, Establish Date : 11-05-2017.
Udham Singh Nagar, Uttarakhand, Bharat
@ 75Editors : Deepa Mishra, Rajeev Kumar Jha,
Preeti Chaudhary, Laxman Singh Tyagi, Prerna Parish
Inspired by Hon'ble Prime Minister's 'New India @75',
**Prachi Digital Publication published Hindi anthology of
'India@75', at very shortest time (Five days) with 75 poets.**
All poems are based on patriotism.
OMG Book of Records appreciates and
recorded in edition 2022.

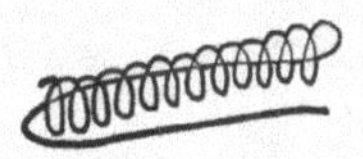

Authorised Signatory

Mumbai | E:omgbookofrecords@gmail.com | W:www.omgbooksofrecords.com

OMG Book of Records runs under OBWR Publishing Private Limited, Mumbai. Registered under Ministry of Corporate Affairs - Government of India

भारत @ 75

संपादक मण्डल सदस्य

दीपा मिश्रा

भोपाल, मध्य प्रदेश

राजीव कुमार झा

चंपारण, बिहार

प्रीति चौधरी

बुलंदशहर, उत्तर प्रदेश

लक्ष्मण सिंह त्यागी

धौलपुर, राजस्थान

प्रेरणा पारिश

नई दिल्ली

अनुक्रमणिका

क्र.सं.	शीर्षक	पृष्ठ सं0
	संपादकीय	11
1	वंदना उपाध्याय	19
2	सारिका ठाकुर	21
3	प्रतीक्षा ठाकुर 'पीयू'	23
4	नवनीत कुमार शुक्ल	25
5	नागेश शेवाळकर	27
6	राजेश कुमार गुप्त 'राज'	29
7	राम शंकर प्रजापति 'अकेला'	31
8	डॉ. अर्चना मिश्रा शुक्ला	32
9	अंजु कु0 मिश्रा	34
10	डॉ. बिशाखा बिस्सा	36
11	नेहा उल्हास घरत	38
12	डॉ. प्रियम्बदा मिश्रा	40
13	कविता पाठक झा	43
14	प्रसन्ना झा	45
15	सौरभ स्नेही	47
16	प्रकाश पाण्डेय 'बंजारी'	49
17	डॉ. जगप्रसाद पाण्डेय 'सरल'	51
18	सुश्री सीमा शुक्ला 'चाँद'	53

19	डॉ. वन्दना खण्डूड़ी	55
20	डॉ. अर्चना सिंह	57
21	राधा शर्मा	59
22	अमित कुमार गुप्ता 'पूर्वी'	61
23	अरविंद भट्ट	64
24	राम बिहारी सक्सेना 'राम'	66
25	केशव 'संगम'	67
26	सारिका व्यास बिस्सा	69
27	सुप्रसन्ना झा	71
28	आरती प्रिया	73
29	डॉ. टीना राव	76
30	अनामिका झा 'दिव्या'	79
31	गीता सिंह	82
32	आनन्द प्रकाश	83
33	प्रज्ञा 'माया' शर्मा	87
34	सुषमा गुप्ता	89
35	नेहा जग्गी	91
36	डॉ. अरुण कुमार वर्मा	94
37	भुवनेश तिवारी	96
38	ऋषभ शुक्ला	97
39	शैली भागवत 'आस'	99
40	संगीता राजपूत 'श्यामा'	101
41	विजयलक्ष्मी विनय तिवारी	103
42	संतोष सोनी	106
43	हुगत खन्ना 'गुमनाम'	108

44	राम शरण सेठ	110
45	प्रियंका गहलौत	112
46	सुब्रत बोस	113
47	कुणाल दुर्योधन भोईर	115
48	निहारिका तिवारी	117
49	Harshita Swastik	118
50	डॉ. शैलजा करोडे	120
51	पल्लवी गोयल	122
52	इला सिंह	123
53	कंचन झा	125
54	रंजना सिंह	127
55	भानु शर्मा रंज	129
56	तेजस्वी प्रियांशी	131
57	डिंपल अरोड़ा	133
58	प्रीति	135
59	सुनील कुमार	136
60	महेन्द्र नाथ गोस्वामी 'सुधाकर'	137
61	रोहिणी नन्दन मिश्र	139
62	विकास सिंह	141
63	चंदना दत्त	143
64	नवीन भटनागर	145
65	जिज्ञासा सिंह	147
66	कुमकुम कुमारी 'काव्याकृति'	149
67	सोनल ओमर	151
68	प्रफुल्ल कुमार पांडेय	153

69	ऋषि रंजन	155
70	ज्योति किरण	157
71	अशोक शर्मा	159
72	विवेक चतुर्वेदी	161
73	मनीषा कुमारी	163
74	कमल कालु दहिया	165
75	Noopur Shandilya	166

भारत सरकार द्वारा शुरू किया गया कार्यक्रम 'आजादी का अमृत महोत्सव' से प्रेरित होकर प्राची डिजिटल पब्लिकेशन के सौजन्य से देशप्रेम व देशभक्ति से ओतप्रोत एक अनोखा साझा संकलन पाठक वर्ग के समक्ष पुनः प्रस्तुत है, जिसका शीर्षक है '**भारत @ 75**'।

देशभक्ति की भावना से ओत प्रोत यह साझा संकलन 75 रचनाकारों की रचनाओं का समावेश है। संकलन में शामिल रचनाएँ पढ़कर संपादक मंडल को एक विशेष अनुभूति हुई है। देशप्रेम की भावना और भी बलवती हुई है और इस देश की संतान होने पर अत्यंत गर्व का भी अनुभव हो रहा है। मैथिली शरण गुप्त जी की देशप्रेम में पगी पंक्तियाँ, बरबस ही याद आ गईं...

जिसे निज देश, निज भाषा और निज गौरव का अभिमान नहीं!
वह नर नहीं, नरपशु निरा, और मृतक समान है

यह पंक्तियाँ देश प्रेम के महत्त्व को दर्शाने के लिए पर्याप्त प्रतीत होती हैं। इस देश की मिट्टी में ही हम सब ने जन्म लिया है, इस पर ही हम खेले कूदे और पले बढ़े, और एक दिन इसी मिट्टी में मिल भी जायेंगे।पूजनीय है यह मिट्टी, वंदनीय है यह देश, सम्माननीय है हमारा भारतवर्ष। संपादक मंडल की सदस्या प्रेरणा पारिश द्वारा रचित चंद पंक्तियाँ...

मिट्टी से ही हैं निर्मित हम
मिट्टी में ही मिल जाना है
कतरा कतरा जब तक है लहू
हमें इसका कर्ज़ चुकाना है
देश हमारा हो संगठित
पूजित हो, सम्मानित हो
इस ध्येय से कदम बढ़ाना है
हमें अपना फ़र्ज़ निभाना है।

जैसा कि नाम से ही स्पष्ट है कि यह देशभक्ति की भावनाओं से ओतप्रोत रचनाओं का समावेश करने वाला एक उत्कृष्ट संकलन है। हमें प्राची डिजिटल पब्लिकेशन ने यह स्वर्णिम अवसर प्रदान किया कि देशभक्ति व देशप्रेम में डूबी हुई रचनाओं का संपादन कार्य, अनुभवी और उत्कृष्ट संपादक मंडल, जिनमें मध्य प्रदेश से दीपा मिश्रा, नई दिल्ली से प्रेरणा पारिश, बिहार से राजीव कुमार झा एवं राजस्थान से लक्ष्मण सिंह त्यागी के सान्निध्य में सम्पन्न किया गया। यह संकलन स्वयं में एक अनुपम संकलन इसलिए भी है क्योंकि इसमें मात्र देशभक्ति, देश प्रेम, देश के प्रति अगाध श्रद्धा और आस्था रखने वाली रचनाओं का समावेश किया गया है। हम भारतवासी जन्म से ही देशभक्ति के भावों से ओतप्रोत होते हैं। हमारा देश वीर शिवाजी, वीरांगना रानी लक्ष्मीबाई, रानी दुर्गावती, वीर सैनिक मंगल पांडे, चंद्रशेखर आजाद जैसे देशभक्तों का राष्ट्र रहा है।

यहाँ की माटी में ही देशभक्ति के अंकुर सदियों से रोपित हैं, यह संकलन विशेष महत्व इसलिए भी रखता है क्योंकि इसे माननीय प्रधानमंत्री कार्यालय में भी भेंट किया जाएगा। सभी रचनाकारों की रचनाएँ वीर रस से ओत-प्रोत हैं। राजीव कुमार झा जी के संपादन में तथा दीपा मिश्रा जी की साहित्य साधना से परिमार्जित होकर यह संकलन और भी अनूठा हो गया है। संपादकीय टीम के सहयोगात्मक व्यवहार और प्रेरणात्मक टिप्पणियों से संकलन की

विशेषताओं में चार चाँद लग गए हैं । इस संकलन को देखकर रामावतार त्यागी जी की पंक्तियाँ बरबस स्मरण हो आई हैं ...

मन समर्पित,
तन समर्पित,
और यह जीवन समर्पित,
चाहता हूँ देश की धरती तुझे कुछ और भी दूँ ...

वैसे तो भारत देश को सुरक्षित करने में प्रत्येक वर्ग का अपना-अपना योगदान है किंतु भारत देश की रक्षा के लिए प्राण न्योछावर करने वाले सैनिकों को यह संकलन हृदय से समर्पित है । विभिन्न उत्कृष्ट रचनाकारों ने अपने देशभक्ति की रचनाओं के माध्यम से भारत माँ के वीर सपूतों को श्रद्धा सुमन अर्पित किए हैं ।

संपादन मंडल की सदस्या प्रीति चौधरी द्वारा रचित चंद पंक्तियाँ भारत के वीर जवानों को समर्पित हैं ....

हिंद की सेना का शत -शत वंदन है,
आज हृदय से उनका अभिनंदन है ।
जो देश सेवा में रहते हैं सदैव तत्पर,
तज दिया अपना सुख -चैन और घर,
इतिहास में जिनका नाम हुआ अमर,
उनके शौर्य को कोटि -कोटि नमन है ।
हिंद की सेना का शत - शत वंदन है ....
उनकी शौर्य गाथाएँ सुनाएगा भारत,
वीर पुत्र भूमि कहलायेगा भारत,
जिन्होंने सर्व जीवन सुख तज कर,

सरहद का किया आलिंगन है।

हिंद की सेना का शत- शत वंदन है....

अपने शोणित से सींचा है भारत चमन,

उपस्थिति से जिनकी व्याप्त है अमन,

जिनकी वीरता से परिचित जन –जन,

शब्द प्रसूनों से उनका आचमन है।

हिंद की सेना का शत – शत वंदन है...

यह ज़रूरी नहीं कि देश के प्रति अपना प्रेम और समर्पण दिखलाने के लिए हम सीमा पर जाएँ, अपने देश की सेवा हम सामाजिक जीवन जीते हुए अपने कर्तव्यों का निष्ठापूर्वक पालन करते हुए भी कर सकते हैं। इस देश को स्वर्ग सदृश बनाना, इसकी प्रतिष्ठा में चार चाँद लगाना और इसकी एकता और अखंडता पर आँच न आने देना हमारा धर्म हो और इस देश की तरक्की और विकास हमारी प्राथमिकता, तभी अपनी मातृभूमि को उच्चतम शिखर पर ले जा पाने में सक्षम हो पाएँगे।

भारत देश विभिन्नताओं का देश है। यहाँ विभिन्न धर्म, जाति और संप्रदाय के व्यक्ति रहते हैं। अनेक भाषाएँ यहाँ बोली जाती हैं। सभी भाषाओं और धर्मों का हमारे भारत में निष्पक्ष भाव से आदर किया जाता है। सभी धर्मों के साथ समन्वय स्थापित करके हम भारतीय प्रेमपूर्वक रहते हैं। हमें गर्व है भारतीय सभ्यता और संस्कृति पर जहाँ प्रत्येक धर्म को आदर और सम्मान की दृष्टि से देखा जाता है। यह संकलन राष्ट्रीय एकता और विश्व बंधुत्व की भावना को बढ़ाने में अवश्य ही पाठक वर्ग का मार्गदर्शन करेगा। कौमी एकता को बढ़ावा देगा तथा राष्ट्रीय एकता और अखंडता को अक्षुण्ण बनाएगा। ऐसा संपादकीय टीम को पूर्ण विश्वास है। अपने इसी विश्वास को शब्द रूप देते हुए संपादक मंडल की सदस्या प्रीति चौधरी द्वारा रचित चंद पंक्तियाँ पाठक वर्ग के समक्ष...

कौमी एकता का बीज अंकुरित करो जहान में,

सद्भाव की फसल उपजे, खेत और खलिहान में।

हिंदू, मुस्लिम, सिक्ख, ईसाई, आपस में सब भाई- भाई,
आखिर सच्चे रिश्तों पर क्यों शक की दीवार लगाई?
लहू सभी का जब है लाल, क्यों हो नफ़रतों से बदहाल?
नेहरू, कलाम, फर्नांडिस जैसे सुमन खिले उद्यान में।
कौमी एकता का बीज अंकुरित करो जहान में।

जब निर्मल बहती पवन करती है समान व्यवहार,
बिन भेदभाव के इंदु बांटे प्रकाश का उपहार,
क्यों धर्म के नाम पर हम करें नित्य तक़रार?
एकता के अखण्ड दीप जलाएं राष्ट्र के गुणगान में।
कौमी एकता का बीज अंकुरित हो जहान में।

मन वचन कर्म में शुचिता सभी धर्मों का मर्म है,
मज़हब का पर्यायवाची शब्द ही धर्म है,
मानवता की सेवा में निहित सर्वश्रेष्ठ कर्म है,
प्रत्येक धर्म साथ चले भारत के उत्थान में।
कौमी एकता का बीज अंकुरित करो जहान में।

बाइबिल, गीता, और क़ुरान एक ही हैं,
श्लोक, मन्त्र, आरती, अजान एक ही हैं,
धर्म, जाति, भिन्न हैं, हिन्दोस्तान एक ही है,
मतभेद की आंधियाँ न चलें वतन के मकान में,
कौमी एकता का बीज अंकुरित हो जहान में।

यदि हमारे संकलन से पाठक वर्ग के हृदय में देशभक्ति की भावना का संचार हो सके... उन्हें राष्ट्र के प्रति अपने कर्तव्य का निर्वहन करने की प्रेरणा मिल सके तथा राष्ट्रीय एकता की अखंड ज्योति प्रज्वलित हो सके, तो हम मानेंगे कि हमारा परिश्रम व्यर्थ नहीं गया। यही संपादकीय टीम का एकमात्र मनोरथ है तथा प्राची डिजिटल पब्लिकेशन का एक छोटा सा प्रयास है, भारतवर्ष को एक सशक्त और मजबूत राष्ट्र बनाना।

(संपादक मंडल)

भारत @ 75

रचनाकार कविताएं

वंदना उपाध्याय

सम्प्रति   :   शिक्षिका
पता   :   मुंबई, महाराष्ट्र
दूरभाष   :   उपलब्ध नहीं

पुकार: माँ भारती की!

माँ भारती का स्वर पुकारे

जागो – उठो, अब जागो – जागो

पड़ गए फफोले, दग्ध हूं मैं

जागो – उठो, अब जागो – जागो

वादा किया था, सँवारोगे निखारोगे

जागो – उठो, अब जागो – जागो

वक्त अब ज्यादा नहीं, हूँ तप्त मैं अब

जागो – उठो, अब जागो – जागो

बाण, बरछी, तोप, बम, गोलों से घायल तन मेरा

जागो   उठो, अब जागो – जागो

प्रेम का अब स्नेह निर्झर, फिर बहा दो

जागो – उठो, अब जागो – जागो

तार-तार दामन, चीरहरण अब रोक दो

जागो– उठो, अब जागो – जागो

जन-जन में सोए महावीर, राम, कृष्ण बुद्ध, नानक

जागो – उठो, अब जागो – जागो

लो थाम मशाल अभिनव स्वरों की

जागो – उठो, अब जागो – जागो

कोविड, डेल्टा, ऑमिक्रान से हूं मैं जूझती

जागो – उठो, अब जागो – जागो

नव स्वरों से सजाओ मुझे अब

जागो– उठो, अब जागो – जागो

बढ़ लो हाथ में हाथ लिए, मिलकर चलो साथ

जागो – उठो, अब जागो – जागो

विश्व में वासुदेव कुटुंबकम का स्वर सजा दो

जागो– उठो, अब जागो – जागो

माँ भारती को विश्व गुरु का ताज पहना दो

जागो – उठो, अब जागो – जागो

माँ भारती का स्वर पुकारे

जागो – उठो, अब जागो – जागो

सारिका ठाकुर

सम्प्रति : शिक्षिका एवं लेखिका
पता : धनबाद, झारखंड
दूरभाष : 9511803927

देश

है देश मेरा स्वर्ण आभा युक्त, सोन्धी इसकी गंध है,

बंधे होकर भी प्रेम में, सब मुक्त यहां सब स्वच्छंद है

है रंगो का समायोजन, श्रेष्ठ रंगों में हर रंग है

रंग प्रेम-विश्वास का, रंग नव आस-उल्लास संग है

कल-कल बहती जीवनधारा, छायी संतोष की हरियाली है

विपदा भी जो आती, प्रफुल्लित हो दे जाती उजियाली है

नहीं यहाँ धर्म एक, नहीं एक जाति है

अनेकों का संगम, वैविध्ययुक्त मनुधर्म कहलाती है

भाषा, भाव, संस्कृति भिन्न-भिन्न होकर भी

राष्ट्रभाषा, राष्ट्रभाव, राष्ट्रीयसंस्कृति के गुण गाती है

अपनी हर संतान को भारत माँ

सहृदयता, समर्पण, सहभाव लिये गोद में ही पाती है

एक ही भूमि के, हम सब दिव्य संतान है
है गौरवशाली अतीत हमारा, संघर्षशील वर्तमान है

फहरा रहा विजय ध्वज हर ओर, जाए दृष्टि जिधर है
विजय विश्व तिरंगा के स्वर से गूंजित भूधर है

गिरे, उठे, बढ़े पर झुकना न जाना हमने है, आयी विपदा
खाए वक्त के कोड़े, थकना न जाना हमने है

धन्य धन्य यह जन्म जो कहलाएं भारत के संतान हम,
नहीं हमारा कोई परिचय, जो है बस हिन्दुस्तान है

प्रतीक्षा ठाकुर 'पीयू'

सम्प्रति	:	लेखिका एवं कवयित्री
पता	:	वाराणसी
दूरभाष	:	उपलब्ध नहीं

मेरे मन का भारत

देखा था सबने एक सपना

नया भारत बनाने का,

जहां रंग रूप भाषा धर्म में

कोई भेद ना हो।

देखा था सबने एक सपना

मिलजुलकर साथ रहने का,

एक दूसरे के सुख दुख में

हमेशा साथी बनने का।

पर कुछ अंतर्द्वंद के कारण

कुछ लोग अब भी लड़ रहे,

धर्म जाति के नाम पर

एक दूसरे को मार रहे।

इंसानियत है मर रही

किसी का किसी से कोई नाता नहीं,

बेरहम हो रहे हैं लोग

कोई किसी के साथ नहीं।

पैगाम सुनो ऐ भारतवासी!

उन वीर बलिदानियों की,

जिन्होंने अपना जीवन न्योछावर किया

हमारे स्वतंत्रता के लिए।

कह रहे हैं वीर बलिदानी

लड़ो ना एक दूसरे से,

जो सीख दिया था हमने

करो उसे याद सभी।

तुम सब एक परिवार हो

परिवार में कोई गैर नहीं,

जात पात के नाम पर

करो ना तुम सब बैर कभी।

एक दूसरे के साथ से ही

भारतवासी कहलाते हो,

भारत है एकता का रूप

रखो तुम सब याद अभी।

जो देखा था हमने सपना

नए भारत के लिए,

उसको तुम सब पूरा करो

चलो उठकर एक नया इतिहास रचो।

नवनीत कुमार शुक्ल

सम्प्रति : सहायक अध्यापक
पता : फतेहपुर, उत्तर प्रदेश
दूरभाष : 9451231908

देश के नौजवान

जागो मेरे देश के वीर नौजवानों,
मैं तुम्हें जगाने आया हूँ।

आलस त्याग उठ जाओ प्यारे वीरों,
भारत माँ का संदेशा लाया हूँ।।

तुम्हें देश को बुलंदियों पर ले जाना है,
अपनी काबिलियत को पहचानों।

नाम भारत का आसमां में लिखना है,
अपनी मंजिल को पहचानों।।

देखना नहीं तुम पीछे मुड़कर कभी,
जब तक दिखे ना तुझे साहिल।

अडिग हो पथ पर कर जुनूँ से मेहनत,
मिलेगी एक दिन तुझे मंजिल।।

तुम ठान लो तो हवाओं का भी रुख मोड़ दो,

उठ खड़े हो, कर खुद पर विश्वास।

तेरे शौर्य के किस्से हर ओर हैं मशहूर,

ताकत और जोश से रच दो फिर से इतिहास।।

नागेश शेवाळकर

सम्प्रति : लेखक एवं कवि

पता : पुणे, महाराष्ट्र

दूरभाष : 9423139071

स्वतंत्र भारत की नारी।

स्वतंत्र भारत की नारी हूं।

स्वतंत्र रहना चाहती हूं।

खुब पढ़ना चाहती हूं।

खुब खेलकूद चाहती हूं।

खुब हंसना चाहती हूं।

खुशी खुशी रोना चाहती हूं।

आगे बढ़ना चाहती हूं।

उँची उड़ान भरना चाहती हूं।

हवाई जहाज उड़ाना चाहती हूं।

समुंदर में जहाज चलाना चाहती हूं।

नयी नयी बातें सीखना चाहती हूं।

बडे बडे सिद्धांत खोजना चाहती हूं।

कुछ नया करने की आस रखती हूं।
नई सोच के साथ बढ़ना चाहती हूं।

सब का साथ चाहती हूं।
सब के साथ बढ़ना चाहती हूं।

भारत का विकास चाहती हूं।
इसलिए खुब पढ़ना चाहती हूं।

सिपाही बनना चाहती हूं।
भारत की रक्षा करना चाहती हूं।

स्वतंत्र भारत की नारी हूं।
स्वतंत्र रहना चाहती हूं।

भारत @ 75

सह-रचनाकार

राजेश कुमार गुप्त 'राज'

सम्प्रति : शिक्षक
पता : छतरपुर, मध्य प्रदेश
दूरभाष : 9424737590

राष्ट्रपिता

मेरे गांधी, मेरे बापू, मेरे महात्मा

मेरे सच्चे फकीर, मेरे परमात्मा

तू तो भारत का राष्ट्रपिता है

इस नाते तो मेरा भी पिता है

पर मैंने तुझे कभी नहीं देखा

तूने इस कदर क्यों छोड़ दिया

कभी फिर हमें मिलने नहीं आए

आखिर क्यों मुंह मोड़ लिया ?

बस, एक गोडसे से डर गए

और बेवजह, क्यों मर गए ?

तुम हमारे साथ तो रहे नहीं

और हमें रहना भी नहीं सिखाया

एक बात पूछें – (जवाब दोगे ?)

तुमने डरना कहाँ से सीखा

और जाने का बहाना क्यों बनाया ?

कभी फिर से आओ इस देश में

चाहे जवान या किसान के वेश में

देखो जरा देश की बर्बादी को

दी हुई अपनी आजादी को

जाने क्या-क्या अत्याचार हुआ ?

अब तक कितना भ्रष्टाचार हुआ ?

जात-पाँत की दीवारें हैं

मजहब की तलवारे हैं

राजनीतिक संरक्षण है

भाषा की तकरारें हैं

पर बापू, हमसे भी गलती हुई

हमने तुझे भुला दिया है

पूरे साल लड़ते रहे आपस में

बस, दो अक्टूबर को याद किया है

बापू जी, हम लोगों को माफ करना

अपने करोड़ों बेटों को याद रखना....

राम शंकर प्रजापति 'अकेला'

सम्प्रति	: शिक्षक, लेखक एवं कवि
पता	: कौशाम्बी, उत्तर प्रदेश
दूरभाष	: 7985254265

धरा का लाल

है धन्य धरा का धन्य लाल, तेरा ऋणी भारत विशाल।

संयम साहस पथ विशाल, सत्यनिष्ठ वीर तू भव्यभाल।।

साक्षी जिसका सूरज चांद, सदा बढ़ाया भारत का मान।

सदाचार का वह जागृत पथ, अडिग रहा तेरा स्वाभिमान।।

चीर दिया सीना दुश्मन का, भारत के तुम राज दुलारे थे।

नहीं किसी के हुए दलाल, जन जन के तुम प्यारे थे।।

दुनिया का शीश झुकाया, छोटे से कद में वामन थे।

ताशकंद जैसा समझौता, क्रांति के शीर्ष आवाहन थे।।

रेल मंत्री बन दृढ़ कर्तव्य, तुमने सबको सिखाया था।

बन विदेश मंत्री जब तुमने, दुश्मन के घर ललकारा था।।

एक वक्त की रोटी खाकर, सत्ता का रोब जमाया था।

मरने के बाद भी पत्नी से, बैंक लोन अदा कराया था।।

है धन्य धरा का धन्य लाल , तेरा ऋणी भारत विशाल।।

भारत @ 75

सह-रचनाकार

डॉ. अर्चना मिश्रा शुक्ला

सम्प्रति : प्राथमिक शिक्षक व रचनाकार
पता : कानपुर नगर, उत्तर प्रदेश
दूरभाष : उपलब्ध नहीं

आजादी के सपूत

दिल लगा बैठे थे अपने देश से

आशिकों सी वो वफा फिर कर गए

सिर उठाकर ये जिए और कह गए

सिर झुकाने की यहाँ आदत नही

ये अमर बलिदान, भारत –भूमि मे

राजगुरु ने राज , भारत को दिया

सुखदेव ने सुखराह देकर चल दिया

ये भगत भक्ति की धारा दे गए

ये शहादत देश हित में कर गए

वीरमाता के अजब ये पूत थे

मातृभूमि में जाँ निछावर कर गए

भारती माँ को आजादी दे गए

दासता की बेड़ियों को काटकर
चूमते फाँसी का फंदा वो गए

देश की माटी में वो चंदन बने
भारती माँ का वो वंदन कर गए

है नमन शत-शत ये भारत देश का
पथ तुम्हारे हम चलें यह कह गए

जो विरासत में हमे वो दे गए
वीर सैनिक बन युवा धारण करें

अब ये परिपाटी निभाते हम चलें।

अंजु कु0 मिश्रा

सम्प्रति : लेखिका
पता : गुड़गाँव
दूरभाष : उपलब्ध नहीं

आज के नौजवानो

न जा उस देश को छोड़

जिसे हमारे पूर्वजों ने

देकर अपने प्राण बचाया है

कई वर्षों के पराधिनता को

कितने ही बलिदानो से तोड़ा है,

ऐ आज के नौजवानो

यूं न मुँह मोड़ अपने मातृभूमि से

जहाँ तुमने जन्म लिया ,

इसी माटी पे कदम बढाया,

इसका ही अन्न ग्रहण किया,

कुछ कर्ज चुकाना बाकी है

जो तु ने यूँ ही भुला दिया।

छोड अपना देश ,

गैरों का घर बसा दिया।

सीमा पे खड़े तेरे ही भाई

सीने पे खाते हैं सगोली ,

बुला रहे तुझको अपने घर

मै करूंगा देश की रक्षा

तु कर वित्तीय संरक्षण।

कल कल करती नदियाँ,

चहचहाती चिड़िया,

झर झर गिरता झड़ना

खेत मे खड़ी हरी भरी

अनाज की बालियाँ

पसार बाहेँ बुला रही है

बिन माँगे जो मिल

रही आशीष

यूँ न कर बरबाद,

ऐ आज के नौजवानो

सुन अपने देश की आबाज

भारत @ 75

सह-रचनाकार

डॉ. बिशाखा बिस्सा

सम्प्रति : शिक्षिका

पता : जयपुर, राजस्थान

दूरभाष : 8302111855

शहीदों की कीमत

शहीदों की कीमत

उस मिट्टी से पूछो

जिसने अपना जांबाज वीर खोया।

उस हवा से पूछो

जिसने गौरवगाथा शब्दों को सुरों में ढाला।

माँ की सूनीं- पथराई आंखों से पूछो

जिसके बुढ़ापे का चिराग बुझा

पिता के उन झुके कांधों से पूछो

जो जवां बेटे को कांधा दे टूट चुके

पत्नी की टूटी चूड़ियों से पूछो

पल में जिसकी दुनिया लुट गई

बहन की सूनी राखियों से पूछो

जिसके मायके के आंगन सूना

उस मासूम से बच्चे को पूछो

जिसके सिर से साया पिता का उठा।

सिंहासनों पर बैठकर

शहीदों के बलिदान की कीमत का हिसाब

पूछने वाले लाख वाग्जाल फेंके

पर नहीं शिला – सा हृदय वह

महसूस कर सकता नहीं

स्वार्थ से परे कोई भाव

फिर वतन पर बलिदान होने वाले रणबांकुरे तो

अनमोल अमूल्य हैं

कैसे उनकी शहादत का

हिसाब–किताब करे कोई–

वह तो वह शहीद है जो वतन के लिए

एक बार क्या हजार बार शहीद हो सकता है

सिंहासन नहीं

वे तो अपनी मातृभूमि के लाडले

अपनी मिट्टी, अपने तिरंगे के खातिर

वे तो तन मन धन अपना कुर्बान किए हैं।

भारत @ 75

सह-रचनाकार

नेहा उल्हास घरत

सम्प्रति : मैनेजमेंट क्षेत्र में कार्यरत

पता : डोंबिवली, महाराष्ट्र

दूरभाष : उपलब्ध नहीं

भारतवर्ष - मेरा अभिमान

आजादी के लिये इसकी

वीरों का खून बहा है

खून के कतरों से

सुनेहेरा इतिहास लिखा है

हर प्रांत की अलग है बोली

पोषाखों के रूप कई

जहां जाए वहां मेहेसूस हो

मिट्टी की खुशबू नई

है विविधता मे एकता यहां

हर धर्म का होता सम्मान है

गर्व है मुझे इस देश पर

भारत एक अनोखी मिसाल है

हर बोली हो मिठी

हर जुबान सच्ची हो

बलिदानों के इस भूमी की

पेहेचान अच्छी हो

समंदर की तरहा इसने
सभी को खुदमे समा लिया
गर्व है मुझे उस देश पर
जहां मैने जनम लिया

भारत @ 75

सह-रचनाकार

डॉ. प्रियम्बदा मिश्रा

सम्प्रति   : शिक्षिका
पता   : पटना, बिहार
दूरभाष   : उपलब्ध नहीं

जय जय हिंदुस्तान

यथार्थ और पावन दृष्टि
बनी राष्ट्र की अपनी शान,
धर्म, संस्कृति, विज्ञान बने
भारत – भूमि की पहचान।

जय जय हिंदुस्तान
जय जय हिंदुस्तान

पुण्य – पुरातन इस देश में
इच्छाशक्ति बड़ा बलवान,
दृढ़ –– निश्चयी बन कर हम
दिव्यशक्ति का करें आह्वान।

जय जय हिंदुस्तान
जय जय हिंदुस्तान

मनीषियों से परिपूर्ण धरा
उपलब्धियों भरा आकाश,

सुवासित इससे जग सारा
प्रस्फुटित है दिव्य प्रकाश।

जय जय हिंदुस्तान
जय जय हिंदुस्तान

संकल्पित मन – दीप में
उम्मीद की बाती सजाय,
घृत निज कर्तव्यों की
विश्वास से लें दीप जलाय।

जय जय हिन्दुस्तान
जय जय हिन्दुस्तान

पुण्य पुरातन इस देश में
इच्छ शक्ति बड़ा बलवान,
दृढ़ – निश्चयी बनकर हम
दिव्यशक्ति का करेंआह्वान।

जय जय हिन्दुस्तान
जय जय हिन्दुस्तान

दायित्व हमारे अनगिनत

जीवन तो है अति अल्प,
कल करेंगे वो आज कर
लें हम सब इसका संकल्प।

जय जय हिन्दुस्तान
जय जय हिन्दुस्तान

मानव जीवन अनमोल है
नव -- सृजन हमारा कर्म,
राष्ट्रहित सर्वोपरि
इसका आदि ना अंत।

जय जय हिन्दुस्तान
जय जय हिन्दुस्तान

भारत @ 75

सह-रचनाकार

कविता पाठक झा

सम्प्रति	:	कवयित्री
पता	:	मधुबनी, बिहार
दूरभाष	:	उपलब्ध नहीं

देश भक्ति

विश्व शिक्षा जगत में

करते सब तेरा गुणगान है

जल में थल में और गगन में

वीरों तेरा ही गौरवगान है

देश के उन्नति और विकास में

सब मिल दे रहे योगदान है

नव पीढी के नव चिन्तन में

हो रहा नूतन अनुसंधान है

देश की बेटी की परचम में

करते जन जन गुमान है

देशभक्ति अदभूत रूप में

सफाईकर्मी का भी उत्तम योगदान है

स्वच्छ भारत के स्वर्णिम स्वप्न में

वो देश के प्रति निष्ठावान है

कृषक के मेहनत और लगन में

माँ लक्ष्मी की स्नेह दान है

सर्वजन हिताय सर्वजन सुखाय में

हो रहा नव निर्माण है

लहू सींचा जिसने देश पहरा में

उसी से ये सुखद जहान है

वीर लौटते लिपटे तिरंगा में

वह देश का शान है

जन जन अपना कर्तव्य को जाने

इसी में समाया नव उत्थान है

नफरत वैमस्य न रखे मन में

देश प्रति ये स्नेह प्रणाम है।

काम करे जो राष्ट्र हितों में

यही राष्ट्र के प्रति पूर्ण सम्मान है।

प्रसन्ना झा

सम्प्रति : लेखिका
पता : विशाखापट्टनम
दूरभाष : उपलब्ध नहीं

कर्तव्यनिष्ठ भारत वासी

जो ब्रह्म कमल से भी दुर्लभ,

गंगोत्री सा निर्मल पावन,

अन गिन बलिदानों से अर्जित,

जो पुष्प खिला था मनभावन,

उसे सींचा था सबलाओं ने,

अपने सिंदूर की लाली से,

और वारा अपने लालों को,

टुकड़े टुकड़े कर छाती के,

हर चरम बिंदु से गुज़र गुज़र,

जो हवा खिली आज़ादी की,

उसमे वो सांस न ले पाए,

जिनने अपनी आहुति दी,

पर इन खुशनुमा बयारों का,

जो सुख भोग रहे मन भर,

उनको क्या ज़रा गुमान नही,

कर्तव्य का अपने तिल भी भर

हर कुर्बानी को भूल गए,

बस हक़ का शोर मचाते हैं,

और बेच के अपना अंतर्मन,

फिर स्वार्थ की आग जलाते हैं,

जिन लोगों ने उत्सर्ग किया,

इस वतन पे अपना तन मन धन,

उनको तो ज़रा न भान हुआ,

की जार जार रोएगा वतन,

न बेधो माँ की छाती को,

यूं धर्म के तीखे बाणो से,

और नमन करो आज़ादी को,

जो मिली सघन बलिदानों से,

जो हर संतान निभायेगी,

कर्तव्य धर्म निज हिस्से का,

तो हरेक घाव भर जाएगा,

हर आहुति के किस्से का,

लहराएगा अपना झंडा,

बन विश्व पटल का गर्वित ध्वज,

हर भारत वासी जब होगा,

कर्तव्य निष्ट साकांक्ष सजग!

सौरभ स्नेही

सम्प्रति	:	युवा साहित्यकार
पता	:	बनमनखी, पूर्णियाँ (बिहार)
दूरभाष	:	उपलब्ध नहीं

शहीद की दुल्हन

लहू के रंग से आज,

तिरंगा को नहलाया है।

तिरंगा में लिपटा पिया,

घर की चौखट पर आया है।

हिंद के दुश्मनों से लड़ने में,

खुद को आज वह खोया है।

सीमा पर जगा था बहुत दिनों से,

अब, गहरी नींद में सोया है।

आज मैं सुहागन हुई हूं,

वह जंग जीत कर आया है।

गहरे जख्म के खून से फिर से,

मेरी मांग वह भरने को ...।

हाथों में मेहंदी, मांग में बिंदी,

आज, उन्हीं के लिए सजाया है।

सारे वतन को समेट पिया,

ताबूत में भरकर लाया है।

देश के हर कसमों की खातिर,
सब कसमे वादे तोड़ा है,
अपने सात वचनों को तोड़कर,
यह तिरंगा ओढा है।

मैं, शहीद की दुल्हन हूं,
मेरी, एक इच्छ पूरी कर दो।
मेरे सोलह सिंगार के बदले में,
जो तिरंगा लिपटा है उनसे,
उसे मेरे सर पर रख दो।

हमें, और कुछ की जरुरत नहीं,
बस वही तिरंगा भाया है।
तिरंगा में लिपटा पिया,
घर की चौखट पर आया है...।

प्रकाश पाण्डेय 'बंजारी'

सम्प्रति : शिक्षक
पता : छतरपुर मध्य प्रदेश
दूरभाष : 9752309088

राष्ट्र प्रेम गीत

बहुत प्यारा प्यारा है हमारा वतन,

बहुत प्यारा प्यारा है हमारा वतन।

तिरंगा हमारा ये, तिरंगा हमारा ये चूमे गगन।

बहुत प्यारा प्यारा है हमारा वतन।

सागर की बाहों में मौजे है जितनी।

हमको वतन से मोहब्बत है उतनी।

इसे यूं ही चाहेंगे, इसे यूं ही चाहेंगे जब तक है दम।

बहुत प्यारा प्यारा है हमारा वतन।

बहुत प्यारा प्यारा है हमारा वतन।

हमारी ये आजादी शहीदों ने दी थी।

झूले थे शूल में, जब सीने में गोली लगी थी।

रोती थी दुनिया तो निकलता था दम।

बहुत प्यारा प्यारा है हमारा वतन,

बहुत प्यारा प्यारा है हमारा वतन।

आज आजादी का महोत्सव मनाती है दुनिया।
आजादी के साल पछत्तर में पहुंचे हम।

बहुत प्यारा प्यारा है हमारा वतन,

बहुत प्यारा प्यारा है हमारा वतन।

तिरंगा हमारा ये, तिरंगा हमारा ये चूमे गगन।

डॉ. जगप्रसाद पाण्डेय 'सरल'

सम्प्रति : कवि
पता : पन्ना, मध्य प्रदेश
दूरभाष : उपलब्ध नहीं

शत बार नमन है!

मंजिल तक बढ़ते रहने में

कांटों की परवाह न करते,

दृढ़ निश्चय कर बढ़ने में

धूप-छाँव से बात न करते।

पूरी कर दे मनोकामना जो गलियों की,

उन चरणों को शत् बार नमन है।

चटक-मटक से दूर सदा

सहज-सुलभ मुस्कान लिये,

महका दे हर मन उपवन को

हों अर्पित जो शहीद हुये।

पावन माला में गुंथ जाते,

उन पुष्पों को शत् बार नमन है।

दुनिया के आँसू पोंछे जो

चुपचाप बहायें जल धारा,

कुछ बने मुक्त-मोती

अवशेष सिंधु कर दे खारा।

बौछारों की परवाह नहीं,

उन संतो को शत् बार नमन है।

अंतर-मन की पीड़ा को बस

पलकों की कोरों में बांधे,

सुनहरे सपन की चंचलता।

संयम की सीमा में बांधे।

उर पीर छिपा मुस्कान बिखेरे,

उन नयनों को शत बार नमन है।

सुश्री सीमा शुक्ला 'चाँद'

सम्प्रति   : सहायक प्राध्यापक
पता   : खंडवा, मध्यप्रदेश
दूरभाष   : 9584678031

हम भारतीय हैं

हम भारतीय हैं ना ऊलझों हम से,

हमारी तो है हर बात ही निराली .

अपने देश के दिये जलाकार,

सैनिको की हम करते हैं

हर पल ही रखवाली .

अपने हर उधोग को अंगीकार कर,

लोकल फार वोकल से

सारे संसार में अपनी पहचान बना ली .

आया समय जो भारत पर काला,

अपने पराये की सभी ने मिलकर

फिर नींव भी बचा ली .

भूखा रहे ना कोई भी देश का मेहनतकश,

दे दी अपनी उसे परसी भोजन की थाली .

बैठ गया जब घर सारा ये प्रशिक्षित संसार,

तब तकनीकी पर भी पकड़ बना ली .

महामारी के इस कल्युग में,

दुनिया को योग की दे दी हमने अपनी प्रणाली .

विकासशील ने विकसित राष्ट्रो के मध्य ,

योग्यता से एक नई जगह बना ली.

कहते थे जो हमें पिछड़ा उन लोगो ने,

अपने मुँह से ऊँगली अपनी ही दबा ली.

नये भारत ने सारे विश्व में,

देखो कैसे! अपनी मोहर लगा ली.

हम भारतीय हैं ना उलझो हम से,

हमारी तो है हर बात ही निराली

डॉ. वन्दना खण्डूड़ी

सम्प्रति : शिक्षिका
पता : देहरादून, उत्तराखंड
दूरभाष : 8650642589

भावपूर्ण श्रद्धांजलि

देवभुमि का वह शेर,

उत्तराखंड की शान ,

नाम था जिसका जनरल रावत,

माँ भारती का था वह अभिमान।

देश की रक्षा करना कर्तव्य था जिसका,

बन गया भारत का जवान,

घर–घर जिसने सैनिक पैदा किये

आज खुद छोड़कर चले गये,

वह उत्तराखंड की जान।

देश की रक्षा के लिए,

दे गये वह प्राण,

चला गया वह वीर जवान,

उत्तराखंड की शान।

माँ भारती का पुत्र,

उत्तराखंड की शान,

देश का वह अभिमान,

दुश्मन का वह दुश्मन था

देश का वीर जवान।

आज बुझ गया एक ओर सितारा,

अमर हो गया वीर जवान,

इस धरा को छोड चला–दिलों मे

छाप छोड चला देश का वीर जवान।

भारत भूमि की मिट्टी मे,

मिट जाने की है चाह जगी,

केसर तिलक लगा,

तिरंगे को फहराने की लगन लगी।

प्राणों को न्यौछावर करने की,

अब है यूं उमंग जगी,

भारत माता की जय–जयकार,

करने की है लहर जगी।

भारत–भूमि के हर कोने में,

अब यह अलख जगाना होगा,

भारत–भूमि की रक्षा के लिए,

अपना फर्ज निभाना होगा।

शहिदों पर प्रेम–पुष्प अर्पित कर,

हमको भी देशभक्ति का भाव जगाना होगा,

ना कुछ कर सकते इस धरा के लिए तो,

जयगान भारत भूमि का करना होगा।

भारत @ 75

सह-रचनाकार

डॉ. अर्चना सिंह

सम्प्रति	:	शिक्षिका
पता	:	बक्सर, बिहार
दूरभाष	:	7631641441

स्वतंत्र पर्व

आज हम स्वतंत्र हैं

मिटाकर अंधेरे का समा

हम उजाले में आ खड़े है

तोड़कर बंधनों की श्रृंखला

हम किसी अनजान स्थल पर आ खड़े हैं।

यह तो नहीं था देश अपना

यह तो है देश अपना

ना जाने क्यों इसी भूभाग पर

हम पराए से पड़े हैं।

तोड़कर तारा आ गए

हम खुले मैदान में

अश्व पर बैठे हुए देश की वर्गा संभाले

हम न जाने क्यों खड़े हैं

तोड़ दो इन सारे बंधनों की श्रृंखला को

जोड़ दो सूर्य की किरणों से

अंधेरी हर गली को

सर्वहारा दिशाहारा आज हम खोए हुए है

आज हमको तुम दिशा दो

आज काटों उस निशान को

तारको की रौशनी में

चंद्रमा है टूटा हुआ

आज हमको तुम ज्ञान दो

एकता का वरदान दो

हम बढ़े हम चले

आज हम स्वतंत्र हैं।

राधा शर्मा

सम्प्रति : शिक्षिका एवं लेखिका
पता : दिल्ली
दूरभाष : फोन न0 9873575999

अभिनव भारत

हम भारतवासी मिलकर, भारत के गुण गाएँगे।
अभिनव भारत की पहचान, निखिल विशव में करवाएँगे।।

शिरोमणि अर्थात् भारत का ताज, मोदी जी को पहनाएँगे।
कर दिया सपना सच, जवाहर, गांधी का, ये सबको बतलाएँगे।।

सोने की चिड़िया कहलाने वाले देश को, श्रेष्ठ भारत का नाम दिया।
स्वदेशी वस्तुओं को अपना कर, आत्मभारत में बदल दिया।।

गांव गांव तक इंटरनेट पहुँचाकर, तकनीकी विकास का संचार किया।
भारत का डिजिटल इंडिया का सपना, सच करके ही दम लिया।।

भारत के युवाओं को स्वरोजगार की भावना से, ओतप्रोत किया।
देशी वस्तुओं का कर उत्पादन, आर्थिक व्यवस्था को मजबूत किया।।

विदेशी निवेशों को आकर्षित कर, रोजगार को उत्पन्न किया।
राष्ट्रीय सुरक्षा के दृष्टिकोण को रख ध्यान, हथियारों का निर्माण किया।।

देश के सौंदर्यीकरण को रख ध्यान, वृक्षारोपण का जन-जागरण किया।
शुचि पर्यावरण हेतु, स्वच्छता अभियान का दिशा निर्देश दिया।।

महिलाओं के सशक्तिकरण हेतु भी, दिन-रात एक किया।
कृषि, तकनीकी, शिक्षा, रोजगार आदि सभी में विकास किया।

आओ मिलकर नवभारत की, प्रगति में , अपनी भागीदारी निभाएँ।
आज़ादी की पचहत्तरवीं वर्षगाँठ के उपलक्ष्य में अमृत महोत्सव मनाएँ।।

अमित कुमार गुप्ता 'पूर्वी'

सम्प्रति : शिक्षक एवं कवि
पता : कुशीनगर, उत्तर प्रदेश
दूरभाष : 9415243441

ऐ देश मेरे!!

मुझे तुम पर गौरव है,

मेरा मन की तुम अभिलाषा हो,

मेरे जीवन की जिज्ञासा हो,

तुमसे ही मेरा वजूद है,

तुमसे ही मेरा रसूल है,

ऐ देश मेरे!!

मुझे तुम पर गौरव है,

तुम हरियाली की बगिया हो,

तुम बच्चों के लिए प्यारी माँ हो,

तुमसे ही जीवन रंगीन है,

तुमसे ही ये मन चंचल है,

ऐ देश मेरे!!

तुमको जिस नाम से भी मैं पुकार करूं,

तुम हर नाम में लगती मनभावन हो,

तुमसे ही मिलता सुकून है,

ऐ देश मेरे!!
तुममे समाहित ये पर्वत,
तुममे समाहित ये नदियां,
सब मन को मेरे लुभाते है,
सब मिलकर मुझे रिझाते है,

ऐ देश मेरे!!
तुममे समाहित ये बन,
तुममे समाहित ये नवरंग,
हम सभी को जीवंत बनाती है,
तुमसे ही मेरा आनंद है,

ऐ देश मेरे!!
चारों दिशाओं में तुम्हारा रंग रूप,
मन को एकाग्र करता है,
जीवन इसीके अंगीकृत हो,
मेरी यही अभिलाषा है,

ऐ देश मेरे!!
अवसर आने पर मेरा ये जीवन,
तुम्हारी चरणों में अर्पण है,
मेरा सब कुछ तुम्हें समर्पण है,

ऐ देश मेरे!!
मुझे इतनी शक्ति दो,
मैं नाम कर सकू तुम्हारा,
इस देश में भी और परदेश मे भी,

ऐ देश मेरे!!
मेरी अंतिम अभिलाषा है कि,
मेरा जीवन भी तेरे काम आ जाए,
मुझे भी तेरे चरणों में स्थान मिल जाए,

ऐ देश मेरे!!
तुम शिक्षा हो,
तुम संस्कार भी हो,
तुम ही जीवन का सार भी हो,
तुमसे प्यारा मुझे कुछ भी नहीं,

ऐ देश मेरे!!
ऐ देश मेरे!!

अरविंद भट्ट

सम्प्रति : शिक्षक एवं कवि
पता : छिंदवाड़ा, मध्यप्रदेश
दूरभाष : 7725899102

स्वतंत्रता की बधाई

आकाश मेंआज़ादी की छटा छाई है,

राष्ट्रप्रेम की चहुओर चलती पुरवाई है,

वतन से प्यार कर ने वाले भारतीय को,

स्वतंत्रता की बहुत बहुत बधाई है, , ,

वर्षों सही हमने गुलामी और दासता

फिर आजादी आई आहिस्ता आहिस्ता

सहते रहे हम अंग्रेजो के जुल्मों सितम

साथ मिलकर अपनाया संघर्षों का रास्ता

लाशों पर चलकर स्वतंत्रता आई है,

स्वतंत्रता की बहुत बहुत बधाई है, , ,

मिट्टी का तिलक कर धरा का मान बढ़ाया,

माँ भारती के चरणों मे सदा शीश झुकाया,

आज़ाद थे, आजाद रहे, और आजाद चले गए,

खुद अपने हाथों से मृत्यु को गले लगाया,

चंद्रशेखर ने आजाद जिंदगी सिखाई है

स्वतंत्रता की बहुत बहुत बधाई है, , ,

नाम भगतसिंह गोरो से जमकर लड़ा था
बचपन मे बलिदान का पाठ पिता से पढ़ा था,
छोटी उम्र में ही फाँसी के फंदे पर वो झूल गया,
शहीदे आजम का इतिहास उसने गढ़ा था
प्राण न्यौछावर कर आज़ादी दिलाई है
स्वतंत्रता की बहुत बहुत बधाई है, ,

राम बिहारी सक्सेना 'राम'

सम्प्रति : शिक्षक
पता : खरगापुर, मध्य प्रदेश
दूरभाष : 9584896513

सारथी

सारथी हे कर्म तेरा, राष्ट्र को नव शक्ति दे।

वीरता का ओज मनमें, राष्ट्र के प्रति भक्ति दे।।

ओज महाराणा शिवा का, धर्म तेरे साथ है।

बाहुओं में कर्ण अर्जुन, और गाण्डीव हाथ है।।

कर्म का अक्षय कवच, और नीति का तूणीर है।

स्वार्थ का बल दूर तुझसे, त्याग का बल वीर्य है।।

हो वरद संतान वाणी, वेदस्वर और ज्ञान की।

बन के भानु तिमिर काटो,

गत निशा अज्ञान की।।

मनुज को मानव बनाना, कर्म तेरा सारथी।

प्रगति का रथ भ्रमित न हो,

चाहती माँ भारती।।

हो कुशल शिल्पी मनुज की आत्मा के आज तुम।

'राम' गढ़ दो दिव्यता को,

सृष्टि के हो साज तुम।।

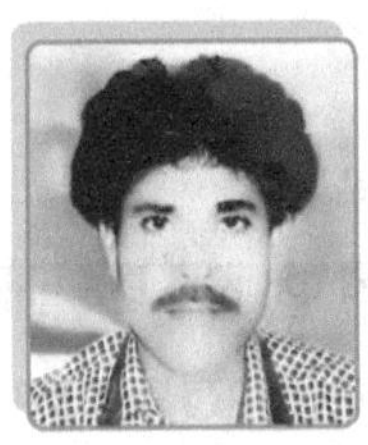

केशव 'संगम'

सम्प्रति : शिक्षक
पता : पन्ना, मध्य प्रदेश
दूरभाष : 9752031612

देश भक्ति गीत तिरंगे पर

।।शायरी।।

हजारों कारवां जूझे, हजारों कश्तियां डूबीं।

लखेतूफान के मंजर, हजारों हस्तियां डूबीं।।

मिटी मांगें लुटी गोदें, हुई कुर्बान नारी भी।

तो यह अंबर की वादीं में, तिरंगा मुस्कुराता है।।

।।गीत प्रारम्भ।।

आज उन तीन रंगों की, कहानी हम भी गाएंगे।

दिलों में प्यार के दीदार की, दरिया बहाएंगे।।

(1) तिरंगे में जो ऊपर देखते हैं, रंग केसरिया।

त्याग की भावना सबमें भरे, वो रंग केसरिया।।

बीच में श्वेत है, जो शांति का, संदेश देता है।

हरा चहुं ओर हरियाली, छटा का वेश देता है।।

भरे संसार में शिक्षा, तिरंगें की जगाएंगे।।

आज उन तीन रंगों की, कहानी हम भी गाएंगे।

(2) सजी हैं चक्र में 24 वो नीली सलाकाएं।

सभी धर्मों का आदर, सत्य का, हांमीं इन्हें पाएं।।

करें मिल राष्ट्रगायन आइए, सम्मुख सदा इसके।

वो जन गण मन के नारे गाइए, सम्मुख सदा इसके।।

कि इसकी शान में सारे जहां को हम झुकाएंगे।।

आज उन तीन रंगों की, कहानी हम भी गाएंगे।

(3) हमारे राष्ट्र का अभिमान है, गौरव तिरंगा है।

शहीदों का यही सम्मान है, अभिनव तिरंगा है।।

धरा का छत्र है हिमगिरि, तो अम्बर का तिरंगा है।

दिशाओं का भी अम्बर है, दिगम्बर सा तिरंगा है।।

तीन रंगों के 'संगम' में, सभी मिलकर नहाएंगे।।

आज उन तीन रंगों की, कहानी हम भी गाएंगे।।

सह-रचनाकार

सारिका व्यास बिस्सा

सम्प्रति : शिक्षिका
पता : जयपुर, राजस्थान
दूरभाष : 9529103535

युग प्रवर्तक : राष्ट्र प्रहरी

स्वतंत्रता पानी है हमको

चाहे हम मर मिट जाए

दूर हो पथ की बाधाएँ

और सफलता हम पाएँ – – – ।

ऐसी ही कुछ कहानी है

उन देश के पहरेदारों की

दे दी अपनी जान जिन्होनें

हँस के सब कुर्बानी भी– – – ।

उन वीर शहीदों की मशाल को

फिर से हमें जलाना है ।

त्याग, तपस्या, सत्य, अहिंसा

का ही पाठ पढ़ाना है– – – ।

हर भारतवासी के मन में

भाव का दीप जलाना है ।

प्रेम से मिलकर रहे सभी

और सबको जाने एक ही

जात–पात का भय भी ना हो

मज़हब सब हो एक ही– – – ।

तुम आज के युग के निर्माता हो,

पँखुरिया हो शतदल की

युग प्रवर्तक , राष्ट्र प्रहरी

अमूल्य निधि हो जनतंत्र की।

भारत के भविष्य हो तुम

आशाएं हो हम सबकी—––।

आओ फिर से मिलकर हम सब

ऐसा ही कुछ कर जाए

पढ़े वही और गुने शहीदों की

अमर गौरव- गाथाएँ–––।

सुप्रसन्ना झा

सम्प्रति : कवयित्री

पता : जोधपुर, राजस्थान

दूरभाष : उपलब्ध नहीं

भारत @ 75

सह-रचनाकार

हे मातृभूमि ! तुम्हें प्रणाम

गर्व है हमें इस माटी पर

जो भरा है स्वाभिमान से

शस्य-श्यामला, अद्भूत , सुंदर

सजा है निर्मल गंगाज्योतिर्जल से

हे मातृभूमि ! तुम्हें प्रणाम ।

प्रहरी है हिमालय उत्तर में

हिंद -महासागर अनुपम दक्षिण में

गूंजती है दसों दिशाओं में

वीरों के यशगान से

हे मातृभूमि ! तुम्हें प्रणाम ।

हरा, केसरिया, श्वेत, परिधान

चक्र-सुदर्शन जैसे बढ़ा रहा मान

महाभारत ने क्लेश का और

रामायण ने दिया त्याग का ज्ञान

हे मातृभूमि! तुम्हें प्रणाम।

घर –घर में गीता बढा रही है
कृष्णोपदेश का मान
सूर्य की प्रभा जैसे हो रही हो
दिगदिगन्त में जाज्वल्यमान

हे मातृभूमि!तुम्हें प्रणाम।

सत्य और न्याय की ध्वजा
फहरा रही है शान से
मुश्किल से मिली ये आजादी
शहीदों की अनगिनत बलिदान से

हे मातृभूमि! तुम्हें प्रणाम।

आरती प्रिया

सम्प्रति : साहित्यकार
पता : नई दिल्ली
दूरभाष : उपलब्ध नहीं

गणतंत्र

पहिल गणतँत्रक माँटिसँ आबि
निश्चिँत भऽ कऽ बैसल छी,
जे गणतँत्रक बोध करौलक
नालँदाकैँ बिसरल छी।

पराधीन सन आब नहिँ लाचार
मनाबी नित्य आजादीक त्यौहार
समेटैत छी बस अपन अधिकार
बरु दुखी भय केओ करौ चीत्कार।

कय चुकलहुँ प्रगति अस्सीम
मथि कय मस्तिष्ककैँ निस्सीम
बुद्धिक एहि व्यापारमे
सुजनक हृदय भेल रसहीन।

अधिकारक अछि पूर्ण ज्ञान
नहिँ लक्ष्य नहिँ उद्देश्य,
कर्तव्यक जँ भान तनिक नहिँ

गणतंत्र थिक व्यर्थ।

बुद्धि मँथनसँओ यदि कनि
पलखति भेटय श्रीमान
सुष्ठु विकसित एहि जगतमे
ताकब अप्पन अवदान।

रसातलसँ स्वर्ग तककँ
छी अहीँ जँ ज्ञेय
प्राणवायु, पेय सृजन कय
लिअ तखन श्रेय।

वैह कोलाहल, वैह थकावट
यैह भेल उत्थान?
अपहरण, शोषणकँ रचल अछि,
फेर वैह अभियान।

यवन कालक घोघ मरौतक
फेर बेगरता आयल
मायक कोरामेँ बैसल धिया
क्रोध भयसँ अकुलायल।

विचिकित्सा करी यदि हम

सरिपहुँ अछि गणतंत्र
परिमार्जन अपना में अनियौ
पूर्ण होयब स्वतंत्र।

किंचित सीमाकैं स्वीकारि
मानव मूल्य करू स्वीकार
माँ भारतीक संततिकैं
तखनहिँ अछि उद्धार

डॉ. टीना राव

सम्प्रति   : कवयित्री

पता   : पाली, राजस्थान

दूरभाष   : उपलब्ध नहीं

भारत माँ के बेटे

तुम भारत माँ के बेटे हो,

तुम भारत की शान हो,

तुम भारत का गौरव हो,

तुम ही अभिमान हो,

तुम से ही मान इस देश का,

तुम ही सम्मान हो,

तुमसे ही सुरक्षित सिंदूर

हर सुहागन का,

तुमसे ही लाज बची है

माँ के आंचल की,

तुम से ही एक बहन की राखी है,

तुम सच्चे अर्थों में सेवक हो,

भारत माँ के राज दुलारे हो,

तुम सच्चे अर्थों में एक सैनिक हो,

तुम हिंदुस्तान का शौर्य हो,

तुमसे ही राखी , दीपावली, होली है

तुमसे ही सब त्यौहार है,

तुम से ही हर व्यक्ति को आस,

तुम से ही मिठाइयों में मिठास है,

तुम हो तो हर माँ,

को हर व्यक्ति को

सुरक्षा का एहसास है,

तुम देश का स्वाभिमान हो,

तुम हर नागरिक का अभिमान हो,

हंसते-हंसते तुम भारत माँ (सीमा)

पर प्राण न्यौछावर कर देते हो,

अपने परिवार को अनाथ कर,

ना जाने कितनों को

अनाथ होने से बचा लेते हो,

बहुत दुखी होता है मन जब

तिरंगे में लिपट कर तुम घर आते हो,

अपनी माँ, पत्नी और बच्चों को छोड़

तुम भारत माँ पर प्राण

अपने न्योछावर करते हो,

रोता बिलखता छोड़ कर

अपने परिवार को,

तुम 'शहीद' कहलाते हो,

तुम शूर हो तुम वीर हो,

तुम सच्चे अर्थों में

बलिदान की पराकाष्ठा हो,

तुम ही महावीर हो,

नतमस्तक हो कर के ,

ए भारत माँ के सपूत बेटे,

प्रणाम तुझे मैं करती हूं,

गाथा तुम्हारी अनंत , अपार,

अकथनीय है,

'गागर में सागर' भरने का

सुक्ष्म प्रयास करती हूं,

तू अमर रहे, तू अजर रहे, अपराजित रहे ,

यह विनती ईश्वर से करती हूं,

भारत माँ के हर लाल को,

'करबद्ध' होकर के

'नमन'आज मैं करती हूं।

भारत माता की जय

अनामिका झा 'दिव्या'

सम्प्रति : कवयित्री
पता : मधुबनी, बिहार
दूरभाष : उपलब्ध नहीं

हम थीक महिला किसान

माए आ माटि के नहि छइक कोनो तोल।
एकर गन्ध होईत छैक, अनमोल।।

स्नेहक अविरल धारा छैक।
जेना छाती स लागल नेना।।

भेल बेर हम खेत पर चलल्हुं।
माथ पर पथिया, ओहि मे कचिया।
नंगटे पैर आ डांर पर बऊआ।।

पहुँचल हम अपन खेतक आईर।
कोरा मे बऊआ लागल अउनाई।
बऊआ के डाॅढ़ स उतारि बईसेल्हुं।
हाथ हाॅसू आ खुरपी लेलहुँ।।

खेत निकबई छि, हम ऐना।
जेना बउआ के ओंगाडई छी।
स्नेह स तृप्त अप्पन् खेत के।

आखि मे भरि मोन में उतारई छी।।

परिश्रम करईत थाकि गेल्हू हम।
घाम स नहा गेल्हु हम।
नेना सेहो ठुनकई लागल।
मा– मा कहि कानए लागल।।

छाहरि तर बइसल्हु मन असुआए।
आँचार तर नेना लेल संसार बसाए।
बऊआ के पुचकारहि लगलहु।
दूर बईस खेत के नीहारए लगलहुं।।

भरल – पुरल खेत के देखि मोन सोचए।
परस्पर माँ बच्चा के आ बच्चा माँ के पोसए।
धरती मॉए हमरो सबहक इज्जत रखती।
परिवार, समाज, देश के हृदय स जुड़ेती।।

साँझ पड़ई में नहि भेल देरी।
लए चललहु माथ पर साड़ी।
गृहस्थिक ई पईघ हिस्सा,
पर आनो काज सम्हारी।।

अगला मास अघहन आईब जेतए।

फसलक बाईल सब पाईक जेतइ।

गीत गाइब धन कटनी करब।

अन्नपूर्णा के देल अन्न स घर भरब।

फेर स हम सब मिलि खेत जोतब।

अगला फसलक विषय में सोचब।।

बऊआ, बुच्ची सब व्यस्क भए जेतई।

पढि लिखि क ज्ञान बढेतई, नव तकनीक अपनेतई।

दू आखर के ज्ञान हमहु रखईत छी।

मोबाईल पर देखि नब जानकारी लईत छी।।

ई अछि सब स्री किसानक खिस्सा।

हम ओकर एक छोट छिन्न हिस्सा।

हमरा सन कतेको भेटती।

देशक कोन – कोन में हेती।।

हमहु छी परिचयक हकदार।

हमरा अछि नहि ककरो दरकार।।

देशक सुख समृद्धि में अछि हमरो योगदान।

जुनी विसरू, ध्यान राखु हम छी महिला किसान।।

गीता सिंह

सम्प्रति : कवयित्री
पता : खुर्जा, उत्तर प्रदेश
दूरभाष : 7017262639

यह आज का भारत है

ना करना सामना, मेरे वतन के शूर वीरों का,

दुश्मन देश के, संकल्प है कुचलने का,

ड्रैगन देख के डर जा सिंहों सी दहाड़ों से,

येआज का भारत है, यह शान वीरों का।

अमृत महोत्सव मना रहे हैं, जश्न हम सबका,

नित ऊँचाइयां छूता रहे, ये देश हम सबका,

आतंक के साये को, जड़ से मिटा कर के,

यह आज का भारत है, ये शान वीरों का।

नई चेतना नए जोश से भरा हुआ हो दिल उनका,

देश की माटी पे न्यौछावर हो जाए तन उनका,

ऐसे वीर सपूत राष्ट्र की ज्वाला हैं धधकाते,

यह आज का भारत है येशान वीरों का।

आजादी को पाने में, बलिदान हुआ है कितनों का,

सहज भाव में नहीं मिली, रक्त बहा है कितनों का,

नए भारत की शक्ति, पहचान विश्व में दिखाएंगे,

यह आज का भारत है ये शान वीरों का।।

आनन्द प्रकाश

सम्प्रति : शिक्षक व साहित्य सृजक
पता : सीवान, बिहार
दूरभाष : 7543857242

स्वर्णिम भारत

जहाँ चली सभ्यता प्रथम पाद।

गूँजा समता का शंखनाद।।

बलिदान त्याग का मूर्त रूप।

साहस सत्य का संगम अनूप।।

हर नर-नारायण ऋषि भेष।

गार्गी मैत्री का सत संदेश।।

हरिश्चंद्र शिवी का अकूत दान।

मोरध्वज दधीचि त्यागी महान।।

प्रह्लाद ध्रुव की अचल भक्ति।

कण-कण ईश्वर की व्याप्त शक्ति।।

बहती गंगा की अमिय धार।

गूँजती गीता की गीत सार।।

जहाँ खड़ा हिमाला वक्ष तान।

ऋषि मुनि करतें हैं मंत्र गान।।

गणराज्य जहाँ से हुआ शुरू।

वह हिंद देश है विश्व गुरु।।

माना रत्नों की खान था ये।

वसुधा में सकल महान था ये।।

आपस में हम जब फूटे थे।

हमको आक्रामक लूटे थे।।

तब दुःसह गुलामी झेले थे।

प्राणों पर अपने खेले थे।।

दासता की चादर फैली थी।

माता की आँचल मैली थी।।

सूत शेर जनी भारत माँ ने।

चल दिये शेर भौंहें ताने।।

घनघोर बगावत छेड़ी थी।

तोड़ी दासता की बेड़ी थी।।

हम भेद भाव से आर्त थे।

साधन संचार नदारत थे।।

नही शिक्षा सड़क दवाई थी।

पानी बीजली नही आई थी।।

भूखा नंगा भारत पाया।

बाहूं बल से फिर सृजाया।।

तब शाख नहीं कुछ जग में थी।।

बांधा विकास के मग में थी।।

फिर से नित्य नव साधन गढ़ के।

दिखलाए खुद आगे बढ़के।।

हर दम आगे बढ़ते हीं रहे।

प्रगति सोपान चढ़ते हीं रहे।।

शासन का सर्व सुधारक बन।

भारत का परम उद्धारक बन।।

मोदी बनके फकीर आया।

कुछ नई दिशाएँ दर्शाया।।

आज देश प्रगति के पथ पर है।

डिजिटल इंडिया के रथ पर है।।

पहले जो मात्र कल्पना था।

कैशलेस भारत का सपना था।।

वह भी पूरा कर दिखलाया।

दुनिया में परचम लहराया।।

अपना वैज्ञानिक शिक्षण कर।

अग्नि पी का सफल परीक्षण कर।।

चंदा की दूरी नापी है।

शत्रू की सेना कांपी है।।

पर भ्रष्टाचार का भष्मासुर।

इस कदर घुसा है दूर-दूर।।

अपना हीं राज्य चलाता है।

यह नित्य विकास को खाता है।।

तन मन से अब लगना होगा।

जन-जन को अब जगना होगा।।

आओ मिलकर कसमें खायें।

तन-मन से रिश्वत ठुकरायें।।

ना रिश्वत लेंगें देंगें हम।

इस बात पर अडिग रहेंगें हम।।

ना भ्रष्टाचार सहेंगें हम।

चुप-चाप न बैठ रहेंगें हम।।

सत्यनिष्ठ अभिनव भारत,

फिर आत्म निर्भर बन जायेगा।

गंगा विकास की उफनेगी,

भारतवासी इतरायेगा।।

सोने की चिड़िया चहकेगी,

फिर रामराज्य आ जायेगा।

आधुनिक भारत फिर चमकेगा,

और विश्वगुरु बनजायेगा।।

प्रज्ञा 'माया' शर्मा

सम्प्रति   : गृहणी
पता   : गुवाहाटी, आसाम
दूरभाष   : उपलब्ध नहीं

ऐ भारत माँ

ऐ भारत माँ चरणों में तेरे, करें बारंबार प्रणाम।
इस जीवन का हर इक लम्हा, हर सांस है तेरे नाम।।

नई पौध को संस्कारों से, हम कुछ ऐसे तैयार करें,
प्रेम समर्पण, राष्ट्रभक्ति से जीवन का श्रृंगार करें।
दृढ़ता हो वो संकल्पों में, जिसे दुनिया करे सलाम,
ऐ भारत माँ चरणों में तेरे, करें बारंबार प्रणाम।

चार दीवारों में रहकर भी, राष्ट्रभक्ति ही करना है,
नई पीढ़ी के गर्म खून में, सच्ची शक्ति भरना है।
कभी न विचलित हो पाएं, चलें सच्चाई को थाम,
ए भारत माँ चरणों में तेरे , करें बारंबार प्रणाम।

भेदभाव कुछ भी नहीं होता, चित्त में ऐसी बात धरें,
देश के इक-इक बच्चे में, जीवन के आदर्श भरें।
निष्काम भाव से फ़र्ज़ को अपने, दे पाएं अंजाम।
हे भारत माँ चरणों में तेरे , करें बारंबार प्रणाम।

राष्ट्र को पूरे एक सूत्र में, बांध के हम दिखलाएंगे,
विश्वगुरु बनने का निश्चय, पूरा कर के बताएँगे।
मार्ग कर्म का अपनाएँगे, जो भी हो परिणाम,
ए भारत माँ चरणों में तेरे, करें बारंबार प्रणाम।

भारत @ 75

सह-रचनाकार

सुषमा गुप्ता

सम्प्रति   :   कवयित्री
पता   :   श्रीगंगानगर, राजस्थान
दूरभाष   :   उपलब्ध नहीं

मेरा गणतंत्र

आओ मिलकर अपने

गणतंत्र को मजबूत बनाये

अपने देश की खातिर

हर मुश्किल से लड़ जाए

मिलकर भाईचारे से

देश मे प्रेम बढ़ाए

नफरत और भेदभाव को

हर दिल से मिटा जाए

हर रंग से हम

अपने गुलशन को महकाएं

खिल जाए बिखर के रंगों की फुलवारी

सुंदर सा आओ उपवन सजाएं

मिलझुल कर दीप दीवाली के

हर आंगन में जलाएं

गले मिलकर आपसे में

ईद मुबारक बनाएं

जातपात के बंधन से
देश को मुक्त करवाएं
सब एक है सब बराबर
देश मे अलख जगाएं

आजाद देश के गणतंत्र को
हमसब मिलकर बनाएं

नेहा जग्गी

सम्प्रति : कवयित्री
पता : दिल्ली
दूरभाष : 8527027083

भारत का इतिहास और मेरी आवाज़

मंगल पांडे ने देश की,

आज़ादी का बिगुल बजाया था|

खुदीराम बोस भी मुक्ति आंदोलन में,

निडरता से टकराया था|

भगत सिंह के नारे ने भी,

इंकलाब मचाया था|

देश भक्ति के जोश में जिसने,

खुद को ही गँवाया था|

सुखदेव, राजगुरु, चंद्रशेखर ने,

ब्रिटिश सरकार का विरोध किया|

अभूतपूर्व साहस दिखला कर,

उनके मंसूबों को ध्वंस किया|

ब्रिटिश हुकूमत के खिलाफ,

तिलक का प्रतिकार निराला था|

उसने अंग्रेजी सरकार के खिलाफ,

केसरी अखबार निकाला था।

राष्ट्रवादी उस महान को आज भी,
देश याद करता है।
इतिहास के पन्नों को खोले तो,
दुश्मन आज भी डरता है।

सुभाष चंद्र बोस ने,
आजाद हिंद फौज का निर्माण किया।
उनके किए बलिदान के कारण,
देश ने उनका सम्मान किया।

रानी लक्ष्मीबाई ने शत्रुओं से लोहा लेकर,
वीरता से बलिदान दिया।
भीकाजी कामा ने भी,
दासता का प्रतिकार किया।

देश की खातिर मर मिटने वालों में,
कभी कमी ना आई है।
देश भावना लाखों के हृदय में,
आज भी खूब समाई है।

ऐसे अनेक शूरवीरों ने,

देश की शान बचाई है।
यह देश हिंदुस्तान है वीरों का,
और यही इसकी सच्चाई है।
और यही इसकी सच्चाई है।

भारत @ 75

सह-रचनाकार

डॉ. अरुण कुमार वर्मा

सम्प्रति : शिक्षक
पता : जौनपुर, उत्तर प्रदेश
दूरभाष : 9754128757

संकल्पों के रथ पर

आओ बढ़ें दो कदम

राष्ट्र की डगर पर

इंसानियत की बहाली के लिए

देश की खुशहाली के लिए।

आजादी का पौधा बड़ा हो रहा है

अपने पैरों पर खड़ा हो रहा है

जिसे रोपा था अपनी ही जमीन पर

सींचा था अपने ही लहू से

करोड़ों वीर –वीरांगनाएं

सुहाग से वंचित ललनाएं।

इसकी जड़ों में समाहित है

संघर्ष –त्याग –बलिदान

जन –जन की पहचान

राष्ट्र का जय गान।

इसकी फूलों की खुशबू से

महक रही है धरा

इसका अंचल धन धान्य से है भरा

आओ मिलकर बढ़ें

इसकी रक्षा-विकास की सपथ पर

अभिनव भारत के पथ पर

संकल्पों के रथ पर।।

भारत @ 75

सह-रचनाकार

भुवनेश तिवारी

सम्प्रति : कवि एवं शिक्षक
पता : हमीरपुर, उत्तर प्रदेश
दूरभाष : 7376800129

अभिनंदन

नर मुंडों का ढेर लगा दो

हे भारत के प्रहरी

पाकिस्तां का खून बहा दो

हे भारत के प्रहरी।

युद्ध क्षेत्र की मर्यादा का

बर्बर पाठ पढ़ा दो

काट काट के धड़ से सिर को

हे भारत के प्रहरी।

पूर्ण मनोरथ कर डालो अब

दुश्मन भीख सी माँगे

नापाकों की साँस छीन लो

हे भारत के प्रहरी।

नमन शूरवीरों को शत शत

जिनसे देश अखण्डित

कोटि प्रशंसा भी छोटी है

हे भारत के प्रहरीप्रहरी

ऋषभ शुक्ला

सम्प्रति   : कवि
पता   : कानपुर, उत्तर प्रदेश
दूरभाष   : 8318675711

मेरा गौरव, मेरा देश

उत्तर में शीश पर हिमालय है जिसके ,
दक्षिण में जलधि जिसकी शान है ।

भरत के शौर्य से गुंजित कण कण ,
वह भारत देश हमारा महान है ।।

मनु से जन्मी संतानें जिसकी ,
मनुष्य नाम का गौरव पाया ।

इसके कण कण में वीरों का ,
देशभक्ति और शौर्य समाया ।।

क्रांति की मशाले जलाकर जहां ,
वीरो ने आजादी का अलख जगाया ।

उस महान भारत भूमि में जन्म ले,
मैंने भारतीय होने का गौरव पाया ।।

आजादी की इस अमृत बेला में ,
हम सब ने मन में यह ठाना है।

विश्व के हर एक पटल पर हमें ,
भारत का गौरव बढ़ाना है ...।।

शैली भागवत 'आस'

भारत @ 75

सह-रचनाकार

सम्प्रति : कवयित्री
पता : इंदौर, मध्य प्रदेश
दूरभाष : 9425478866

मेरा भारत महान'

राष्ट्रप्रेम का गहरा अहसास फिर से दिल में जगाओ,

गरिमा भारतवासी होने की कभी न तुम भुलाओ,

पुण्य ये देवभूमि जहाँ पवित्र गंगा बहती है दिल में

संस्कारविहीन बनकर संस्कारों को न ठेस पंहुचाओ

चिरकाल से वेद पुराणों की जहाँ महिमा तुम गाते आये हो,

अमर ग्रन्थ –उपनिषदों के ज्ञान से प्रकाशित होते आये हो,

अवतारी राम, कृष्ण, बुद्ध के तपों से मर्यादा जो तुमने पायी

पावन धरा पर नारद के वहीं मधुर गान क्यों नहीं दोहराते हो ।

संशित नारियों अब अपनी शक्ति का आंकलन सही लगाओ

जगततारिणी माँ दुर्गा के नौ रूप अपने अंदर समाहित पाओ

कलयुगी पापी दुष्टों का संहार करने काली का धरकर रूप

निर्भीक रानी लक्ष्मीबाई, वीर दुर्गावती सी वीरता दोहराओ ।

क्रांतिकारियों ने सींची लहू से ये भूमि क्या तुम भूल गिये हो ?

बलिदानी शहीदों के उपकार अनेक क्या तुम भूल गये हो ?

देशद्रोही बन बेचने में देश को तुमको तनिक न संकोच होता

जातिवाद, भ्रष्टाचार, कालाबाज़ारी में किस कदर लिप्त हुए हो ।

उठो सत्य, अहिंसा और धर्म का ध्वज फिर विश्व में लहराओ,
नव जागरण नवचेतना की अलख फिर नव जन में जगाओ,
एकता अखंडता की अनुपम परम्परा निभा ऐ –हिंदुस्तानी!
'मेरा भारत महान' रहेगा सदा दुनिया को फिर दिखलाओ ।

संगीता राजपूत 'श्यामा'

सम्प्रति : परिचय

पता :

दूरभाष :

मान देश का करतें हैं

दुष्कर हो राहें जितनी ;

छल छंदों से न डरते हैं !

दो सूखी रोटी खाकर ;

मान देश का करतें हैं !!

रूखा तन छाती भूखी ;

पाटी में जयघोष लिखे !

करता गर्वित माटी को ;

धूली जैसा तेरा मोल दिखे !!

सर मेरे छप्पर की छत ;

कुंदन सा मन रखते हैं !!

पावन धरती पुण्यधरा ;

रक्त समर्पित हैं तुमको !

धड़क रही सांसे मेरी ;

रक्षा का वचन हैं हम को !!

बालक हैं हम भारत के;
भाव समर्पण लिखते हैं!!

सुन ए घाती भारत के;
क्यो विष भू पर घोलो तुम!
पीड़ा में हैं मानवता;
मत नागफनी तोलो तुम!!

जर्जर धन गिरते आँसू;
और हृदय वीर का रखते हैं!!

विजयलक्ष्मी विनय तिवारी

सम्प्रति : लेखिका
पता   : मुम्बई, महाराष्ट्र
दूरभाष   : उपलब्ध नहीं

भारत देश

कुछ नशा है, तिरंगे की आन में।
कुछ नशा है, तिरंगे की शान में।।

यह रंग हमको, जान से प्यारा है।
यह रंग हमारी, शान से निराला है।।

गर्व है हमें अपने भारत पर, जहां पत्थर को भी पूजा जाता है।
गर्व है हमें ऐसे भारत पर, जहां माटी में भी सोना उगता है।।

गर्व है हमें अपने जवानों पर, जिसने हमें देश लौटाया।
गर्व है हमें अपनी धरती पर, जिसने हम सब का बोझ उठाया।।

गर्व है हमें ऐसे भारत पर, जहां हमने जन्म लिया।
गर्व है हमें ऐसे भारत पर, जहां गाय को माता का दर्जा मिला।।

यह देश, औरों से अलग है
इस देश की सोच, औरो से अलग है

क्योंकि, हम उस देश के निवासी है।
जहां भारत को भी, माता कह कर बुलाते हैं।।

धन्य हुए हैं हम, इस माटी पर जन्म लेकर।
धन्य हुआ है शरीर हमारा, इस माटी में खेल कर।।

बहुत जतन किया है हमने, अपने देश को बचाने में।
बहुत बलिदान दिए है वीरो ने, अपनी मातृभूमि को पाने में।।

धूर्त फिरंगीयों ने आकर हम पर, अपना मायाजाल डाला था।
धूर्त फिरंगीयों ने आकर हमसे, षड्यंत्रो का खेल खेला था।।

भोलेपन का फायदा उठाकर, हमसे हमारा देश छीना।
सोने की कही जाने वाली चिड़िया को, पिंजरे में कर डाला।।

बहुत हुआ था अत्याचार, अब नहीं सहन किया हमने।
अंध्यारो के बीच में, दीपक जला दिया हमने।।

चीर कर छल्ली कर दिया, उन सभी फिरंगीयों को।
जो आंख उठाकर देखे थे, अपने वतन को।।

सोने की कही जाने वाली चिड़िया को, फिर से आजाद कर दिया।
अपनी भारत माता के झंडे को, फिर से आसमान में लहरा दिया।।

संविधान भी ले आए हम,   अपने कानून का।
खत्म कर दिए सारे कानून हमने, उन फिरंगीयों का।।

कितने वीर शहीद हुए,   अपने देश के लिए।
कितनी वीरांगनाऐ भी अमर हुई, अपने देश के लिए।

ऐसे वीरों को, शत शत नमन है।
ऐसी वीरांगनाओं के चरणों में, सर मस्तक है।।

इन्होंने तो निभा दिया फर्ज अपना, धरती पर आने का।
इन्होंने तो निभा दिया कर्ज अपना, मातृभूमि का।।

अब बारी हमारी है, हमें भी कुछ कर दिखाना है।
भारत में जन्म लेने का,   कुछ फर्ज निभाना है।।

अनेकता में एकता कहे जाने वाला, यह संदेश बढ़ाना है।
अपने तिरंगे का शीश हमें, दिन-प्रतिदिन और बुलंदियों तक पहुंचाना है।।

संतोष सोनी

सम्प्रति : छात्र सह समाजसेवक
पता : कटिहार, राज्य बिहार
दूरभाष : 9709780155

देश मेरा अभिमान है

देश मेरा अभिमान है

इस मातृभूमि पर हम सब परिवार हैं

भारत के युवा वीर जागो

क्यों सोया तेरा स्वाभिमान है

अब हमें है एकजुट होना

अपने देश के लिए कुछ कर गुजरना

देश मेरा अभिमान है

इस मातृभूमि पर हम सब कुर्बान है

तीन लोक से न्यारा अपना प्यारा हिंदुस्तान है

हर भारतीय को इस पावन धारा पर अपना सा गुमान है

क्षमा दया ममता से सजी यह प्यारा हिंदुस्तान है

समता ममता और एकता का पावन उद्गम स्थान है

हमने अपना गौरव पाया अपना स्वाभिमान से
हमें मिली आजादी वीर शहीदों के बलिदान से

गांधी भगत सरदार का प्यारा यह देश है
जियो और जीने दो देता सबको संदेश है

विश्व शांति के लिए खड़ा यह हमेशा राष्ट्र है
गौतम बुद्ध महावीर चाणक्य का यह अनोखा राष्ट्र है

हुगत खन्ना 'गुमनाम'

सम्प्रति : शिक्षक
पता : चम्बा, हिमाचल प्रदेश
दूरभाष : 9459075901

मेरा नया भारत कैसा हो

एकता कण कण में हो, अखंडता हर धड़कन में हो,

लग्न, मेहनत समर्पण में हो, आदर, सत्कार हर दर्पण में हो

सृजनशील हर प्राण हो, कर्मशील यहां इंसान हो,

बुद्ध बने प्रबुद्ध सभी, हर सोच में समाया राम हो,

धम्म का प्रचार करता, सम्राट अशोक महान हो,

वीरता हो शौर्य हो, हर सैनिक चंद्रगुप्त मौर्य हो,

तपस्वी मुनि जैसे शाक्य हो,

कूटनीति में हिंद चाणक्य हो,

मातृ शक्ति का सम्मान हो, मातृत्व भारत का अभिमान हो,

झांसी रानी हर नारी हो, कल्पना चावला के जैसी उड़ान हो,

संकीर्णता का नाश हो, पाखंड का विनाश हो,

न पंथ हो जात हो, समाज में न छुआछात हो,

नफरतों को दूर करे जो, फिर विवेकानंद कोई महान हो,

आर्थिकी सुदृढ़ बने, विश्वगुरु फिर हिंदुस्तान हो,

शिक्षा का खूब प्रसार हो, स्वस्थ सभी की जान हो,

खत्म हो महामारियां, सभी की दुश्वारियां,

कि राष्ट्र का उत्थान हो, हर मर्ज का निदान हो,

भूत से सीख ले कर भविष्य का निर्माण हो,

भाईचारा बना रहे, ऐसा हमारा वर्तमान हो,

देशभक्ति हर रग रग में हो, दिलो दिमाग में बस हिंदोस्तान हो,

नया भारत मेरी कल्पना है, हे ईश्वर! सच ये बातें तमाम हो,

प्रश्न बेशक उलझन जैसा हो, किंतु उत्तर समाधान के जैसा हो,

मेरा नया भारत कैसा हो ? सोने की चिड़िया जैसा हो।

राम शरण सेठ

सम्प्रति : कवि एवं शिक्षक
पता : मिर्जापुर, उत्तर प्रदेश
दूरभाष : उपलब्ध नहीं

भारत @ 75

सह-रचनाकार

गणतंत्र दिवस

आओ मनाएं हम पावन दिवस।

चारों ओर फैलाएं हर्ष।।

हर दिशाओं से बस एक ही गूंज हो।

वंदे मातरम् का अनहद नाद हो।।

संकल्प कर ले।

यह दृढ़ विश्वास कर ले।।

अपने अधिकार और कर्तव्य को स्मरण कर ले।

कुछ अपने भी कार्य को देख ले।।

हिमालय की ऊंची चोटियों से।

अपने भारत की शान है।।

कहीं कश्मीर जैसा स्वर्ग है।

तो दिलदारो का भी नगर है।।

पंच नदियों से सिंचित पंजाब है तो।
वही सागर को स्पर्श करती मद्रास है।।

आज हम अपने मातृभूमि।
को नमन कर ले।।

संविधान के निर्माण कर्ताओं को।
आज शत्-शत् वंदन कर लें।।

यह दिवस यूं ही आता रहे।
देश को आजाद कराने वालों का स्मरण कराता रहे।।

हम शीश नवाते रहे हमेशा मात्र भूमि के लिए।
सकारात्मक सोच व कार्य करते रहें।।

प्रियंका गहलौत

सम्प्रति : कवयित्री

पता : मुरादाबाद, उत्तर प्रदेश

दूरभाष : 6291532026

शहादत का पर्व

एक अजब ही कशिश भरी हुई है

मेरे वतन के हवा, मिट्टी ओ पानी में,

मर मिटने का साहस बारूद बन कर

दौड़ता है, वीरों के लहू की रवानी में

कश्मीर से कन्याकुमारी तक

लहराता है हमारा प्यारा तिरंगा

साहस, शांति और खुशहाली के

त्रिवेणी रंगों की बहती है गंगा!

हिंदुस्तान के वीरों का हौंसला

तो दुनिया भर में सर्व विदित है,

तमाम वीर वीरांगनाओं के नाम

स्वर्णिम इतिहास में लिखित है!

जो लाल शहीद होते है मातृभूमि के लिए

भारत का बच्चा बच्चा करता उन पर गर्व,

हम अनेकों में एक भारत के गौरव की गाथा

सुनाते और मनाते है शहादत का यह पर्व!

सुब्रत बोस

सम्प्रति : कवि
पता : कांकेर (छ. ग.)
दूरभाष : 7587363836

भारत माँ के वीरपुत्र

नमन करो उन शहिदों को, जो रण में खून बहाई थी।
गुलामी के उस अँधेरे में, दीया आजादी के लायी थी।।

दिल में जलाए शोले अपने, आजादी का लिए सपना।
चुका गए कर्ज़ मातृभुमि का, देकर जीवन अपना।।

पन्छी खुली आकाश में, देख ना पाये वो बहारे थे।
मरकर भी जी गए हैं वो, जो आज़ादी के परवाने थे।।

अजीब सुकून हैं तेरी जहाँ में, सोने दे उसे गोदी में।
कटा लिए सिर तलवारों से जो, तेरी लाज बचाने में।।

दफ्न न कर दो शहीदों को, बीच अतीत के पन्नों में।
महकती रहे वो हवाओं के संग, नए दौर के ज़माने में।।

चाँद, मंगल तक तेरी झंडा, हमने भी लहराये हैं।
हर क्षेत्रों में शेर हमारे, विश्वभर में दहड़ाये हैं।।

इस विश्व को ज्ञान-योग का, हमने पाठ पढ़ाये हैं।
कला संस्कृति और भाइचारे से, सारे जग को जोड़े है।।

जोश नई हैं, खून नई हैं, लिखनी नयी कहानी हैं।
सोन पन्छी की उस दौर को, अब फिर से दुहरानी हैं।।

नई उमंग हैं खुली फ़िज़ा में, अमन का संदेश।
सभी देशों में हैं अनोखा, अपना भारत देश।।

कुणाल दुर्योधन भोईर

सम्प्रति : युवा कवि
पता   : भिवंडी, महाराष्ट्र
दूरभाष : 7045210382

ये बलिदान की भूमि हैं

बिखरा गये वह एकात्मता की नींव

देश सरे-आम हो रहा था नंगा

आई थी भारतमाता के सम्मान पे आँच

उठा था गली-गली में, असंतोष का दंगा

कही शस्त्र, कही भक्ति की पराकाष्ठा

प्रेम एवंम त्याग की वाणी सुरीली थी

खून से भरी थी हर मांग यहाँ

चेहरे-चेहरे की कथा निराली थी

कभी खून से खेली गई होलियाँ

आज टुटी जंजीरे, प्यार से खिल उठी हर डाली

अभिमान से लहरा रहा तिरंगा

चहक उठी स्वतंत्रता की देवता, छाई आजादी की लाली

सम्मान ना कर सको, उपहास भी ना करना

रक्त से लिखा है भारत का इतिहास

माटी से होता है यहाँ आज भी वीरों का तिलक

कण – कण में हैं ईश्वर का वास

फिनिक्स सी राख से उड़ान भर
भरतवर्ष ने नई उम्मीदे बुनी हैं
नतमस्तक हो जाना तुम यहाँ
ये बलिदान की भूमि हैं

निहारिका तिवारी

सम्प्रति : छात्रा

पता   : दानापुर पटना

दूरभाष : उपलब्ध नहीं

भारत माँ के सपूत

वीरो को है प्रणाम

ये है हिंद मिट्टी की शान

बने रहे तिरंगे की पहचान

भारत माँ तुझे है सलाम

खून पसीना बहाया है

वीरो ने बलिदान चुकाया है

हमारे देश को आजाद कराया है

भारत माँ तुझने ये साहस दिलाया है

हिम की चोटी पर तिरंगा जब लहराया था

आंधी तूफान में भी हिम्मत ना हारा था

सच्चे देश भक्त होने का प्रण निभाया था

भारत माँ तेरे वीर सपूतो ने क्या खूब इतिहास बनाया।

भारत @ 75

सह-रचनाकार

Harshita Swastik

Profession :   Student

Address   :   Darbhanga

Contact   :   N/A

My India is great!

Golden bird since 14th century

Three coloured flag known by every country.

The country of Diversity,

The country of prosperity.

Several cultures, Variant goals

same nations, stapled souls.

Beautiful, lovely and gloomy

These words are less to express it's glory.

Hindu, Muslim -sikh -Isai,

Everyone live under the same sky.

Feeling of brotherhood

Sparkling Everywhere,

No one can struck any spear .

In the Universe, a star is sparkling

That is India.

In the world, a pearl shining

that is India.

In the Asia , a flower is blooming

that is India.

Our Tri colour fluttering on the screen

they are Red-white and Green,

the perfect explanation of fire, purity and peace.

Flying the Rafale, Went to mars

From bunker to space

My India was great -

My India is great.

भारत @ 75

सह-रचनाकार

डॉ. शैलजा करोडे

सम्प्रति : सेवानिवृत्त उप शाखा प्रबंधक
पता : नवी मुंबई, महाराष्ट्र
दूरभाष : 9764808391

जवान तुझे सलाम

भारत माँ के वीर सुपुत्रों

करती हूँ तुम्हें सलाम

मातभूमिके रक्षक हमारे

वीरजवानों तुम्हें सलाम ।।

कडाके की ठंडी हो

या घमासान बारीश

तुम्हारे कर्तव्य मे कसूर की

नही रहती कोई गुंजाईश ।।

चाहे रात हो या हो दिन

पलके ना तुम्हारी झपकती

सजग पहरा रहता सीमापर

कोशिश दुश्मनों की ना कामयाब रहती ।।

दुश्मनों को जवाब देते देते

हो जाते हो शहीद कभी

दिल दहल जाता हमारा

शब्द अश्क बन जाते तभी।।

उजड़ जाती है किसी माँ की गोद
उजड़ जाता है किसीका सिंदूर
बिजड़ जाता है बहन से भाई
बच्चों के सिर से पिता का साया दूर।।

सजग पहरा देते तुम सीमापर
तब हम सोते है नींद चैन की
मेरे वीरजवानों तुम्हें सलाम
आन बान शान हो तुम भारत माँ की।।

भारत @ 75

सह-रचनाकार

पल्लवी गोयल

सम्प्रति : शिक्षिका
पता : ठाणे , महाराष्ट्र
दूरभाष : उपलब्ध नहीं

गणतंत्र दिवस

वीर शहीदों की कुर्बानी

याद रहे चिरकाल तक ।

तिरंगे की अमर कहानी

गूँजे हर एक माथ तक ।

आज राष्ट्रगान गूँजा है

भविष्य बस यशगान हो ।

तिरंगे की तीन छटा –सा

समृद्धि , प्रीति , सम्मान हो ।

गणतंत्र की हर सुबह में

एक संदेशा याद रहे ।

कल भी पैदा होंगे भेदी

वह निर्बल असहाय रहें ।

शीश तना खड़ा हो ऊपर

मानवता को झुक प्रणाम हो ।

झंडे के समक्ष माथे पर हाथ

हर सैनिक को सलाम हो ।

इला सिंह

सम्प्रति   : शिक्षिका
पता   : फतेहपुर, उत्तर प्रदेश
दूरभाष   : उपलब्ध नहीं

देशभक्ति की कामना

देश-भक्ति की कामना से,

ओतप्रोत होता है मेरा मन।

लुटा दो आज अपना सर्वस्व,

अपना मै तन, मन और धन।।

इस पावन पुण्य भूमि पर,

जन्म पाकर हूँ आज धन्य।

कर जाऊ कुछ खास मै भी,

यह सोचकर बेचैन है मन।।

नव भारत का यह स्वप्न हो पूरा,

करे सब एक दूसरे का सम्मान।

कर्म पथ पर बढते चले हम सभी,

हो सबको अपने कर्तव्य का भान।।

निज स्वार्थ को सब छोड दे,

लहराये तिरंगा जग मे महान।

कर्म कुछ ऐसे अविस्मरणीय हो,

हमेशा रहे जग में तिरंगे की शान।।

आत्म सम्मान से भरे हो सब,
रामराज्य सा देश हो महान।
पूरा जगत जल्दी ही करेगा,
मेरे प्यारे भारत पर अभिमान।।

भारत @ 75

सह-रचनाकार

कंचन झा

सम्प्रति : लेखिका
पता : दरभंगा, बिहार
दूरभाष : उपलब्ध नहीं

हम

है संस्कृतियों का देश मेरा
सद्भाव गली को सजाती है।
कितने ही फूल बगीचे में
मिलकर गुलशन महकाती है।

केशरी रंग ओज से मस्तक
ऊंचा करती जाती है
शेरों की यह धरती अपनी
शौर्य सपूत के गाती है।

सत्य , अहिंसा पूजित हो
यही तो अपना ध्येय सदा से।
भारत भू पर बलि बलि जाएँ
हिंदुस्तानी कहें सदा से।

हो धरा का आँचल हरियाला
हम सींचें खून – पसीने से।
कण– कण उपजे सोना बनकर

मुस्कान में हरियाली चमके।

मौसम हो हरदम मस्ताना
हम प्रीत राग ही गाएंगे।
वसुधा अपनी, जगती अपनी
हम हिंदुस्तानी गाएंगे।

रंजना सिंह

सम्प्रति : शिक्षिका सह कवयित्री

पता : बेगूसराय, बिहार

दूरभाष : 9570182068

अरमानो के व्योम में

अरमानों के व्योम में

खुशहाली का ध्वज फहराएं

आओ साथी मिलकर हम

लोकतंत्र का पर्व मनाएँ

न यहाँ कोई ऊँच-नीच

न अमीर न कोई गरीब

समानता का अवसर लेकर

दरमियां फासले हम मिटाएँ

भूख, बीमारी और बेकारी

देश की है गंभीर बीमारी

श्रमशक्ति के बल पर

सब मिलकर इसे दूर भगाएँ

जाति-धर्म के नाम पर

आपस मे अब लड़ना छोड़

भारत के उत्थान में

आओ मिलकर हाथ बँटाएँ

यह शहीदों की धरती है

खून माँगती है प्रतिक्षण

अधिकारों की बात करें पर

कर्तव्यों से जी न चुराएं

वोट की गंदी राजनीति से

हों न कभी हम गुमराह

निज स्वार्थ से ऊपर उठकर

देश-धर्म पर मर- मिट जाएँ

अरमानो के व्योम में

खुशहाली का ध्वज फहराएं।।

भानु शर्मा रंज

सम्प्रति : कवि एवं गीतकार

पता : धौलपुर, राजस्थान

दूरभाष : उपलब्ध नहीं

भारतीय परिवेश

परलोक की कला अलौकिक है वसुंधरा पे

जन्मभूमि काशी मथुरा अयोध्या धाम है

सहज सरल प्रभु मर्यादा पुरुषोत्तम

बाल रूप खेले कृष्ण वन घूमे राम है

प्रभु की उपासना से तप जप साधना से

ऋषियों ने वर पाया होके निष्काम है

पावन पुनीत प्रभु प्रेम की पवित्रता को

भारती धरा को मेरा कोटिक प्रणाम है

सभ्यता की सत्यता में, राष्ट्र की अखंडता में

धर्म की जो दिव्यता में, भक्ति का जो इत्र है

भाष्य के इस मर्म में , काव्य के पुन्य कर्म में

सौभाग्य राष्ट्र धर्म में, राम सा चरित्र है

बृज लोक का अमृत, राधिका का अलंकृत

बृज का भी घृत घृत, गंग सा पवित्र है

प्रेम के आराध्य मध्य, बांसुरी की धुन दिव्य

कृष्ण के प्रीतम में भी, सुदामा सा मित्र है

राष्ट्र शीष तुंग श्रृंग, सुर्य सम दिव्य अंग,
नग मध्य बहे गंग , भारती की गोद में
षट ऋतु में बसंत, शंख ध्वनि में अनंत
झूम झूम नांचे संत, आरती प्रमोद में
भिन्न भिन्न छेड़ राग, पुनीत है प्रेम भाग
लिये धरा अनुराग, पुकारती मोद में
अनुपम दिव्य रूप, अद्भुत वो व अनुप,
स्वर्ण सम खिली धूप, धरती विनोद में

तेजस्वी प्रियांशी

सम्प्रति : छात्रा एवं कवयित्री
पता : सीतामढ़ी, बिहार
दूरभाष : 8804028215

हमें गर्व है अपने देश भारत पर

गर्व करने को बनी है भारत भूमि मेरी

और हमें प्यार है देश के कण-कण से!

हमें गर्व है उन जवानों पर

जो बॉर्डर पर रह कर करते हैं

दुश्मनों का सामना!

हमें गर्व है उन किसानों पर

जो खुद भूखे रहकर

खिलाते हैं हमें दिन रात !

हमें गर्व है उन मांओं पर

जो अपने बेटे-बेटियों को देश की रक्षा के लिए

न्योछावर कर देती है !

हमें गर्व है उन पुलिस वालों पर

जो हर त्यौहार पर भी

चौबीसों घंटे करते हैं काम!

हमें गर्व है अपने देश भारत पर

जिसको हम जय हिंद जय भारत कहकर

करते हैं सैल्यूट दिल से |

जय हिंद जय भारत

भारत @ 75

सह-रचनाकार

डिंपल अरोड़ा

सम्प्रति : प्रिंसिपल
पता : जींद हरियाणा
दूरभाष : 7206388296

मिट्टी की खुशबू

जिंदगी बेशक छोटी सी है!

करनी पड़े कुर्बान गर

हिचकिचाओ ना शर्माओ ना

कर दो न्योछावर वतन पर अपने

मिल जाओ मिट्टी में अपनी

जरा सा भी तुम घबराओ ना।।

देख लो उन वीरों को भी

बैठे हैं सरहद पर सीना ताने

बर्फ में फंसे हैं पैर चाहे

सिर पर तपती धूप है

पेट में भले ही कुछ नहीं

जान की बाजी में पर चूक नहीं।।

*मिली नहीं ऐसे आजादी हमको

लाखों वीरों ने जान गवाई है

छाती तान कर गोली हक से खाई है

माना मातृभूमि को ही माई है

वतन पे मरने वाला हर भाई है।।

उठो जागो, देश के युवाओं
चलो उनके कदमों निशान पर
चूम लो तुम धरती माँ को
हो जाओ वतन पर कुर्बान
तभी तो होगा भारत देश महान।।

भारत @ 75

सह-रचनाकार

प्रीति

सम्प्रति	:	अध्यापिका
पता	:	मिर्जापुर, उत्तर प्रदेश
दूरभाष	:	उपलब्ध नहीं

गणतंत्र दिवस

73वां गणतंत्र दिवस का आया पर्व महान,

हिन्दू, मुस्लिम, सिख, इसाई की ये शान।

चाहे यू पी, चाहे गुजरात, चाहे एम पी, चाहे राजस्थान ,

एकता के बंधन में बांधकर रखता हिन्दुस्तान।।

26 जनवरी को मनाते ये पर्व महान,

इसी दिन लागू हुआ भारत का संविधान।

दिल्ली में भव्य रूप से परेड बढ़ाती शान,

थल, जल, वायु सेना बचाती भारत की शान।।

राष्ट्रीय ध्वज तिरंगा बढ़ाता भारत की शान,

सभी भारतीयों द्वारा गाया जाता राष्ट्रगान।

26 जनवरी को याद किया जाता शहीदों का बलिदान ,

नई दिल्ली इंडिया गेट पर होता परेड प्रदर्शन।।

विविधता में एकता का देता ये सन्देश महान,

मिल-जुल कर साथ रहने का देता नित ज्ञान।

हम भारतीय भारत माँ को देते सम्मान,

करूणा , दया , प्रेम , बन्धुत्व यही हमारी पहचान।।

सुनील कुमार

सम्प्रति : शिक्षक एवं कवि

पता : बहराइच, उत्तर प्रदेश

दूरभाष : 6388172360

शत्-शत् प्रणाम

हंसते-हंसते देश हित जो हो गए कुर्बान

माँ भारती के वीर सपूतों को शत्-शत् प्रणाम।

लगा जान की बाजी रखा देश का मान

माँ भारती के वीर सपूतों को शत-शत प्रणाम।

प्राणों की दे आहुति कर गए ये ऐलान

प्राण जाए तो जाए न जाने देंगे देश की शान

माँ भारती के वीर सपूतों को शत-शत प्रणाम।

देश की आन के खातिर कर गये सब कुर्बान

हम एक थे एक रहेंगे दे गए ये पैगाम

माँ भारती के वीर सपूतों को शत-शत प्रणाम।

खंडित कभी न हो हिंद की अखंडता

दिल में जिनके था एक ही अरमान

माँ भारती के वीर सपूतों को शत-शत प्रणाम।

भारत @ 75

सह-रचनाकार

महेन्द्र नाथ गोस्वामी 'सुधाकर'

सम्प्रति   : साहित्यकार
पता   : धनबाद, झारखंड
दूरभाष   : 7654455033

मेरा हिन्दुस्तान !

मेरा हिन्दुस्तान सारी दुनिया में महान !
मेरा हिन्दुस्तान !

पर्वत इसके राजा भैया , नदियां राजदुलारी हैं

इसके खेतों की हरियाली , दुनिया भर में न्यारी है,

यहां के झरने हरदम करते गीत प्रेम के गान !
मेरा हिन्दुस्तान !

सूरज की हर किरण धरा पे, खुश हो रास रचाए

हर चरवाहा उठा बांसुरी, सरगम के स्वर गाए,

रात चाहती मोती लेकर आये वह इस थान !
मेरा हिन्दुस्तान !

यहां का हर बालक है बिरसा, वीर शिवाजी बांका,

जिसकी छाती को केवल, उठते भूचालों ने आंका,

हर बाधा को देख विहंसता, चलता सीना तान !
मेरा हिन्दुस्तान !

मंदिर मस्जिद गिरिजा, गुरुद्वारा से आवाजें आती
मिल जुल कर हम रहें प्रेम से, यह संदेश सुनाती ,
डोर प्रेम की कभी न टूटे, इसमें है हमारी शान !
मेरा हिन्दुस्तान !

हाकी, खो-खो, तीरंदाजी यहां निराले अद्भुत खेल,
कला, संस्कृति और धर्म का, अजब अनोखा यहां है मेल,
विश्व मैत्री की संदेशा, दुनिया में करता जो दान !
मेरा हिन्दुस्तान !

भारत के इस आंगन में, जैसे एक परिवार हैं हम,
मिलजुलकर बांटते सारे, सुख-दुख, प्यार औ गम,
अखण्ड एकता रहे हमारी, जाने सारा जहान !
मेरा हिन्दुस्तान !

रोहिणी नन्दन मिश्र

सम्प्रति   : शिक्षक
पता   : गोण्डा, उत्तर प्रदेश
दूरभाष   : 9415105425

तुम आजाद करा लेना

हम तो अब चलते हैं, वीरों! माँ की लाज बचा लेना।
पड़ी बंदिनी भारत माता, तुम आजाद करा लेना।।

लड़े फिरंगी से आखिर तक, जब तक बाकी साँस रही
बिसरी न इक पल भी सूरत, पिंजड़े में जो खाँस रही
बैरन साँसों ने छल कीन्हा, अब तुम भार उठा लेना।

पदवी तजा, प्रलोभन त्यागे, बिके नहीं, खुद्दार रहे,
भूल के सुख, परिवार अंत, तक, माँ के पहरेदार रहे
मिटा न पाया कष्ट मगर, अब तुम हथियार उठा लेना।

माँ आजाद कैद से होगी, है भरोस भरपूर जिया,
लेकिन काल की तैयारी ने, सपना चकनाचूर किया
मुई मौत ने जल्दी कर दी, शेष हिसाब चुका लेना।

माँ जब कारा से छूटेगी, चरणों में तब बिछ जाना,
हम सबकी यह चिता-भस्म, उन चरणों में बिखरा आना
तोड़ सके न जो हथकड़ियाँ, माँ से माँग क्षमा लेना।

चलते-चलते सीख हमारी, अंतिम याद सदा रखना
प्रेमभाव से हिलमिल रहना, दिल से द्वेष जुदा रखना
मूँद रहें हैं पलकों को अब, क्रान्ति मशाल उठा लेना।

विकास सिंह

सम्प्रति : कवि
पता : शाहजहाँपुर, उत्तर प्रदेश
दूरभाष : 9451682008

सैनिक की अभिलाषा

जिन्दगी में मुझे मौत जब भी मिले,
तन तिरंगे से लिपटा हुआ मेरा हो।

नाम मेरा स्वर्ण अक्षरो में लिखा हो,
शहीदे वतन पे ये कुर्बान हुआ है।

बसन्ती हवा , मेरे तन को छुये,
माँ गंगा के जल से, मेरा तन धुये।

मुस्कुराता हुआ , चेहरा अग्नि दे मुझे,
मुझसे उठता धुंआ, नीला अम्बर छुये।

काले मेघा से, अश्कों की बरसात हो,
भाषा किरण में, मेरा पाठ हो।

प्रथम पंक्ति में लिखा हुआ,
स्वर्ण अक्षरों में, मेरा नाम हो।

मेरी कहानी कोई जब पढ़े,
अपनी आँखों में, चेहरा वो मेरा गढ़े।

धारण करे वो मुझे अपने मन में,
लहरा दे तिरंगा, वो नीले गगनं में।

अमिट छाप छोड़े , कहानी मेरी,
देश पर हो न्यौछावर जवानी मेरी।

मेरी दास्तां सुनके पर्वत हिले,
अविकसित कली पुष्प बनके खिले।

चंदना दत्त

सम्प्रति	:	शिक्षिका व लेखिका
पता	:	रांची, बिहार
दूरभाष	:	उपलब्ध नहीं

तिरंगा झंडा

वो देखो लहराया तिरंगा

आन बान शान से

फहराया तिरंगा

बड़े जतन से

रणबांकुरों ने

आजादी का स्वप्न

था देखा

हंसते गाते

चढ़े सूली पर

जान लड़ा

फहराया तिरंगा।

लक्ष्मीबाई चढ़ी

अश्व पर

बांध शिशु को

खेल जान पर

धरा काली सा

रूप विकराल
वारेन समक्ष
बनी थी काल
कीर्तिमान बना
लहराया तिरंगा।

अक्षुण्ण रखें
माँ भारती
की शान
कहीं ना हों
कम हमारी आन
देश की रक्षा
सबकी आन
विश्व मे सबसे ऊंचा
फहराया तिरंगा

भारत @ 75

सह-रचनाकार

नवीन भटनागर

सम्प्रति	:	इंजीनियर
पता	:	गाजियाबाद, उत्तर प्रदेश
दूरभाष	:	उपलब्ध नहीं

मेरा भारत

दिलों में घुल रहा देश प्रेम का गजब खुमार

गणतंत्र दिवस 75 वा देश मना रहा है यार

उन्नति, संस्कृति की गौरवमय गाथा सुना रहा

सैन्य बल भी अपने जौहर दिखा रहा

वीरों का हो रहा सम्मान, राजपथ की देखो बहार

रंग बिरंगी भारत भूमि की छटा निराली, देखो मेरे यार।

लाल हरा नीला और पीला, कहीं गुलाल तो रंग कहीं गीला

भंग छन रही, हुडदंग चल रही, मीठी गुझिया भी तल रही

ढोल नगाड़ों की है बहार, 'बुरा न मानो होली है' कि चहुं ओर पुकार

रंग बिरंगी भारत भूमि की छटा निराली, देखो मेरे यार।

भाई बहन का गहरा नाता, कच्चे धागों में बंध जाता

सजे कलाई राखी वाली, बहन सजाती पूजा की थाली

रक्षा का वचन भर देता, रक्षा बंधन का त्योहार

रंग बिरंगी भारत भूमि की छटा निराली, देखो मेरे यार।

नहीं अंधेरा किसी ओर भी, घर आंगन सब दीप जले हैं

लोग मिल रहे, दिल खिल रहे दीपावली का ये त्यौहार

बोली भिन्न है, रहन सहन भी, भाषाओं का है अंबार

अलग रंग हैं अलग ढंग हैं, अलग अलग हैं तीज त्यौहार

फिर भी जुड़ते एक माला से बनता मोतियों का एक हार

रंग बिरंगी भारत भूमि की छटा निराली, देखो मेरे यार।।

जिज्ञासा सिंह

सम्प्रति : शिक्षिका
पता : लखनऊ, उत्तर प्रदेश
दूरभाष : 9415410164

भारत भूमि को मेरा नमन

एक नमन हमारा ले लो हे भारत भूमि पियारी।
तेरे चरणों में अर्पण है नित श्रद्धा भक्ति हमारी।।

मस्तक तेरे तिलक लगाएँ चंदा तारे सूरज,
निशदिन जल से चरण पखारें गंगा जमुना सतलुज,
अंतरिक्ष तक चमके उज्ज्वल छवी तुम्हारी।।

ऋषियों मुनियो ने जब खोली घनी जटाएँ,
जा अम्बर पे लिख दीं सुंदर वेद ऋचाएँ,
अंतर्मन के चक्षु खुले और खिली ज्ञान की क्यारी।।

आर्यभट्ट का शून्य, व्यास का गीता ज्ञान निराला,
वाल्मीकि की रामायण मीरा का गीत गोपाला,
सूर और तुलसी की गाथा पढ़ती दुनिया सारी।।

मन में बसी अयोध्या औ मथुरा में प्राण हमारे,
काशी मुक्ति मार्ग दिखलाती, मन में चारो धाम बसा रे,
मातु पिता के चरणों की रज हमको जान से प्यारी।।

संविधान का मूलमंत्र ही है अभिमान हमारा,
संस्कृति और सभ्यता का गुण देखा विश्व ने प्यारा,
जब नरेंद्र की भरी सभा में गूंजी घंटों तारी।।

एक नमन हमारा ले लो हे भारत भूमि पियारी।
तेरे चरणों में अर्पण है नित श्रद्धा भक्ति हमारी।।

कुमकुम कुमारी 'काव्याकृति'

सम्प्रति : शिक्षिका
पता : मुंगेर, बिहार
दूरभाष : उपलब्ध नहीं

देश हमारा सबसे प्यारा

देश हमारा सबसे प्यारा,

विभा इसकी बढ़ाएंगे ।

इसके रजकण से ही अपने,

माथे तिलक लगाएंगे ।

भारत प्यारा देश हमारा,

गीत खुशी की गाएंगे ।

देश की रक्षा के खातिर हम,

सर्वस्व आत्म लुटाएंगे ।

अमर शहीदों की वेदी पर,

भाल अपना झुकाएंगे ।

उनके पदचिन्हों पर चलकर,

देश की हद बढ़ाएंगे ।

देश से पहचान है अपनी,

दिल में इसे बसाएंगे ।

देश के खातिर ही जिएंगे,

इसपे ही मिट जाएंगे।

आजादी का अमृत महोत्सव,
हम सभी मिल मनाएंगे।
आजादी के मतवालों को,
श्रद्धा सुमन चढ़ाएंगे।

सोनल ओमर

सम्प्रति   : कवयित्री
पता   : कानपुर, उत्तर प्रदेश
दूरभाष   : उपलब्ध नहीं

हमारा हिंदुस्तान

दुनिया में जो सबसे महान है।
ये हमारा अपना हिंदुस्तान है।।

हिन्दू, मुस्लिम, सिक्ख, ईसाई,
बनके रहते हो जहाँ भाई-भाई,
एकता जिस देश की पहचान है।
ये हमारा अपना हिंदुस्तान है।।

महाराणा प्रताप, वीर शिवाजी,
मंगल पांडे, लक्ष्मीबाई जिसकी
गौरवमयी इतिहास बनी शान है।
ये हमारा अपना हिंदुस्तान है।।

जिन वीरों ने अंग्रेजों के चंगुल से
देश को आजाद कराने में कर दिया,
हँसते-हँसते प्राणों का बलिदान है।
ये हमारा अपना हिंदुस्तान है।।

शरहद पर दुश्मनों को मारकर
देश के लिए सैनिक शहादत में,
तिरंगे को बनाते परिधान है।
ये हमारा अपना हिंदुस्तान है।।

कर्तव्यों का पालन करनेवाला
वह प्रत्येक इंसान देशभक्त है,
जिसकी जुबां पर राष्ट्रगान है।
ये हमारा अपना हिंदुस्तान है।।

प्रफुल्ल कुमार पांडेय

सम्प्रति : युवा साहित्यकार
पता : वाराणसी उत्तर प्रदेश
दूरभाष : उपलब्ध नहीं

ऐसा गीत गुनगुनाएंगे

ऐसा गीत गुनगुनाएंगे

देशभक्ति राग दोहराएंगे

भारत माँ के चरणों में

हम अपना शीश झुकाएंगे

आन बान शान से

अपना तिरंगा लहराएंगे

देशभक्तों की कुर्बानियों को

हम भूल ना पाएंगे

वतन की निगहबानी में

जान तक न्यौछावर कर जाएंगे

कुप्रथाओं की बेड़ियों से

देश को आजाद करवाएंगे

फिर एक बार वतन को
सोने की चिड़िया बनाएंगे

दुश्मनों की इरादों से
देश को बरबाद ना करने देंगे

हम अपनी एकता की डोर से
देश को आत्मनिर्भर बनाएंगे

वसुधैव कुटुंबकम् की अलख को
विश्वभर में जगाएंगे

ऋषि रंजन

भारत @ 75

सह-रचनाकार

सम्प्रति : शिक्षण एंव स्वतंत्र लेखन
पता : दरभंगा, बिहार
दूरभाष : 9801811086

मान हिन्दुस्तान है सम्मान हिन्दुस्तानी

मान हिन्दुस्तान है सम्मान हिन्दुस्तानी, कण-कण में छिपी है वीरों की कहानी

सुखदेव राजगुरु भगत सिंह शहीदों में, वीरांगनाएँ में थी हमारी झाँसी बाली रानी

जाति भी अलग और धर्म अलग थी, मगर मजहब सभी की थी हिन्दुस्तानी

मान हिन्दुस्तान है सम्मान हिन्दुस्तानी, कण-कण में छिपी है वीरों की कहानी.......!!

कोई ना स्वार्थी बेटा बन पाया, ना कायर बन भाई का फर्ज निभाया

वीर सपूत था वो भारत माँ का, शान से फांसी पर लटक दिखाया

नाम वीरों में अमर रहेगा उनका, जब तक रहेगा गंगा-यमुना में पानी

मान हिन्दुस्तान है सम्मान हिन्दुस्तानी, कण-कण में छिपी है वीरों की कहानी.......!!

थक नहीं पाया वो रुक नहीं पाया, सिर कटाता रहा कभी झुक नहीं पाया

एक गोली खाया वो सौ गोली चलाया, दुश्मनों को धूल चटा शान से तिरंगा फहराया

आन-बान-शान सारे जग को वो दिखाया, हंसकर शहीद हुआ बनकर स्वाभिमानी

मान हिन्दुस्तान है सम्मान हिन्दुस्तानी, कण-कण में छिपी है वीरों की कहानी.......!!

सन् सैतालीस में आखिर वो मौका आया, ज़मीं से आसमाँ तक अपना परचम लहराया

बलिदान वीरों का अपना रंग लाया, 15 अगस्त को लालकिला पर तिरंगा फहराया

स्वर्णिम इतिहास लिखाया वीरों ने, उनसे जुड़ी है भारत माँ की रवानी

मान हिन्दुस्तान है सम्मान हिन्दुस्तानी, कण-कण में छिपी है वीरों की कहानी......!!

उनके सपनों का भारत अब हमें बनाना है, देश में भाईचारा कायम कर दिखाना है
भारत माँ का शान-शोभा हमें और बढ़ाना है, मौके पर भोलेनाथ सा रौद्र रूप दिखाना है
'भारत माता की जय' कहकर, सौंपते हैं उनकी सेवा में अपनी जवानी
मान हिन्दुस्तान है सम्मान हिन्दुस्तानी, कण-कण में छिपी है वीरों की कहानी......!!

ज्योति किरण

सम्प्रति : कवयित्री
पता   : गोपालगंज, बिहार
दूरभाष : 7323052287

हम भारत के वासी......।

हम भारत के वासी क्या –क्या सिला देंगे ,
मुर्दा भी गड़ा हो तो उसको भी ज़िला देंगे।

हम कलम पुजारी हैं हम वतन पुजारी हैं ,
इस कलम की ताकत से दुनिया को हिला देंगे।

ये भारत है परिवार सैनिक है मेरे यार,
इनके लिए हम तो खुद को भी मिटा देंगे।

खतरे में लगे जीवन तो कहना हमसे यार,
आवाज जरा तुम दो हम जान लुटा देंगे।

ना मजहब से है भेद ना कुर्सी से मतलब है ,
सैनिक को दगा दोगे तो संसद को उड़ा देंगे।

तेरे बाप की कुर्सी है ना फोकट का ये माल ,
अब खज़ानों में तेरे हम आग लगा देंगे।

चेहरे की बनावट से निर्बल ना तुम समझो,
जरूरत होगी तो हम तोप चला देंगे।

हम भारत की नारी इतना भी अबल नहीं ,
कोई छेड़े जो हमको जिंदा ही जला देंगे।

हिम्मत है कितना हममें दुनिया को दिखा देंगे ,
कदम –कदम पर हम झंडा लहरा देंगे।

तकलीफ होती जिसको भारत की माटी से ,
सच कहते हैं उसको जिंदा दफना देंगे।

सांसों में तिरंगा है धड़कन में तिरंगा है ,
भारत का नक्शा हम दिल चीर दिखा देंगे।

ज्योति रोशन हो घर उनका किरण से मेरी ,
शहीदों की खातिर हम खुद को जला देंगे।

अशोक शर्मा

सम्प्रति : कवि
पता : कुशीनगर, उ.प्र.
दूरभाष : 9838418787

देशभक्त

राष्ट्र हित का जज्बा जिसमें,

वह सुंदर वतन सजाता है ।

ऋतु मौसम दिन रात परे,

जो हरदम अलख जगाता है ।

जिसका दमखम सुन बैरी,

दूर से ही थर्राता है,

ऐसे देशभक्त वीरों को,

जन जन शीश झुकाता है ।

दृग जिसके चीतों के जैसे,

जो अरि को खूब डराता है ।

नापाक इरादे वाले जन का,

जो गर्दन काट उड़ाता है ।

जिसके बलिदानों को जग,

कोटि कोटि गोहराता है ।

ऐसे देशभक्त वीरों को,

जन जन शीश झुकाता है ।

उसकी शोणित जब उबले,

बैरी को धूल चटाता है।

मातृभक्ति रग रग में जिसके,

अरि का बलिदान चढ़ाता है।

त्याग सुख सुविधाएं अपनी,

जो विजय जश्न मनाता है।

ऐसे देशभक्त वीरों को,

जन जन शीश झुकाता है।

हिम के चटटानों में बैठ,

जो अपना लहु पिघलाता है।

ऊँचे शैल शिला में जो,

दम अपना फुलाता है।

खोट नहीं सेवा में जिसके,

झट अपना सर भी कटाता है।

ऐसे देशभक्त वीरों को,

जन जन शीश झुकाता है।

विवेक चतुर्वेदी

सम्प्रति   : अध्यापक
पता   : बदायूँ, उत्तर प्रदेश
दूरभाष   : 7895811012

एक सैनिक का गीत

यूँ ही नहीं लिया प्रण मैंने भी सीमा पर जाने का
रण में अपने फ़ौलादी सीने पर गोली खाने का
मुझे सरहदों की रक्षा में अपना ख़ून बहाना था
और तिरंगे को सलाम करने का हुनर दिखाना था

लेकिन माँ यदि दूर गया मैं तेरी नज़रों की हद से
तो फिर मैं पैग़ाम लिखूँगा तुझको अपना सरहद से
तेरी इक आवाज़ पे बेटे की हमदर्दी लौटेगी
या तो मैं लौटूँगा या फिर मेरी अर्थी लौटेगी

लोग भले ही शव मेरा ताबूत में रखकर लायेंगे
फिर भी देश के सैनिक मेरी शान में बैण्ड बजायेंगे
मेरी ख़ातिर आसमान में गोली दागी जायेंगी
मेरे अन्तिम दर्शन को ख़ुद गंगा–जमुना आयेंगी

मेरी जान तुम्हारी चूड़ी जब भी मुझको याद करे
और कभी सपने में मुझसे मिलने की फ़रियाद करे
तो तुमको आग़ोश में भरने मेरी वर्दी लौटेगी

या तो मैं लौटूँगा या फिर मेरी अर्थी लौटेगी

भेजे हैं हथियार जिन्होंने बेच के अपने गहनों को
मरते दम तक याद रखेंगे भाई ऐसी बहनों को
है कितना मज़बूत ये धागा भाई-बहन के बंधन का
रोली-अक्षत भी साधन है वीरों के अभिनंदन का

ये छोटी सी बात पता है मेरी बहना पाखी को
अगर कलाई पर न बाँधा मैंने उसकी राखी को
न ही फिर सावन लौटेगा न फिर सर्दी लौटेगी
या तो मैं लौटूँगा या फिर मेरी अर्थी लौटेगी

मनीषा कुमारी

सम्प्रति   : कवयित्री
पता   : पटना, बिहार
दूरभाष   : 9199700456

भारत के वीर पुत्र

वीर जवानों का क्या कहना

हंस–हंसकर प्राण गंवाते है

तिरंगे के लिए ही जीते हैं

और उसमें ही लिपटे जाते हैं।

होली और दिवाली भी

बारूदो संग मनाते हैं

सिर बांधे कफन

खुद को देश के लिए

बलिदान कर जाते हैं।

धरती माँ के यह सपूत

मरकर भी अमर हो जाते हैं

ऐ, भारत के वीर पुत्रों

तुझको नमन हम करते हैं।

अभी भी यह नम आंखें

तेरी राह देखते हैं

दिन रात तेरी प्रतीक्षा में
सभी जगते रहते हैं।

तन मन न्योछावर करके
धरती का मान बढ़ाते हैं
बनकर पूरे देश की शान
वे वीर पुत्र कहलाते हैं।

कमल कालु दहिया

सम्प्रति : युवा कवि एवं संपादक
पता : जोधपुर, राजस्थान
दूरभाष : 7357403948

तेरे हवाले

तेरे हवाले भाई मेरी माँ,

सूननी होगी उसकी करूण आह,

मेरे जाने के पथ पे ना फूल सजा,

मैं जाता हूँ, रण में शंख बजा।।

पापा की ना होने देना आँख नम,

ना ही तू रोना, ना रहे किसी का भिगा दामन,

तेरी भाभी को कहना रखे आँगन की लज्जा,

मैं जाता हूँ रण में शंख बजा।।

बहन की राखी तेरी कलाई पे है,

बहना को बतलाना नाज भाई पे है,

फिर भी रहेगा गुड़िया का हृदय डगडगा,

मैं जाता हूँ रण में शंख बजा।।

अब जाता हूँ, मेरे भाई तेरे हवाले,

रोना मत, नहीं ... रोना मत, तेरे हवाले,

मेरे जाने के पथ पे ना फूल सजा,

मैं जाता हूँ रण में शंख बजा।।

भारत @ 75

सह-रचनाकार

Noopur Shandilya

Profession : Freelance Writer

Address   : Navi Mumbai

Contact   : 9619339913

The Pinwheel

A wayward thought met me on the road

When I was passing by a nearby school.

A child stood outside lost in his thoughts.

Holding a bunch of pinwheels to sell perhaps.

He looked intensely at the country's map

Painted in vivacious colours on the wall.

What does a child who works for a living

Think about the bright map of his country ?

The boy was startled by my curious voice.

'You find the painting very interesting my boy.'

The boy turned around and was glad to reply.

'Yes it makes me happy and I feel very proud

Whenever I see my Bharat Ma painted so well !'

'Really ! What does Bharat Ma mean to you ?

What has Bharat Ma done for children like you ?'

The boy squinted at me for a while then smiled.

'Bharat gave us the mother we never saw or had.

Bharat gave me my sister who is my reason to live.

Bharat is a whirl of colours just like my pinwheels.

Don't bother my mother ! Why not do something ?'